Weihnachtsgeschichten
aus Norddeutschland

Weihnachts-geschichten

aus Norddeutschland

Herausgegeben von
Andrea May und Michael Jung

Verlag Michael Jung
Kiel

1. Auflage 2000
Alle Rechte vorbehalten
© 2000 by Verlag Michael Jung, Postfach 2604, 24025 Kiel
Umschlagfoto: Jürgen Timm
Gesamtherstellung:
Hans Kock Buch- und Offsetdruck GmbH, Bielefeld
ISBN 3-929596-87-3

UDO BIELENBERG
Der Weihnachtsspaziergang

Der Tag der Bescherung, also Heiligabend, ist vorbei. Wie in jedem Jahr war es spät geworden, ein guter Grund, ein wenig länger in den ersten Weihnachtstag hineinzuschlafen. Dieser erste Feiertag gehört ihnen allein. Die Familie hat sich erst für morgen angesagt, gerade recht, um ausgiebig gemeinsam zu frühstücken, brunchen wäre der richtige Ausdruck.

Beide räumen ab, wie immer an Sonn- und Feiertagen, bis dass die Küche wieder aussieht wie unbenutzt.

Und genau in diesem Moment stellt sie die für ihn nicht unvermutete Frage: „Sollten wir nun nicht unseren Spaziergang machen, Johannes? Mittag lassen wir ohnehin ausfallen, und im Übrigen treibt uns keiner, ist ja Weihnachten!"

„Lass uns man, Margret", stimmt er zu.

Beide treten auf den Balkon hinaus und schauen ins Wetter: keine weiße Weihnacht in diesem Jahr, dafür aber trocken bei klarer Luft und wenigen Frostgraden.

Die Beurteilung der Wetterlage gehört genauso zum Ritual wie die unausweichliche Frage: „Wie lange wirst du benötigen, bis wir loskommen, Margret?"

Obwohl von Johannes sanft gefragt, kommt doch die Antwort in leicht überhöhtem Ton zurück: „Welche Frage, lieber Mann, wir können sofort das Haus verlassen. Hast du schon jemals auf mich warten müssen?"

Äußerlich unbewegt, hält er für eine Sekunde den Atem an und sagt dann betont gelassen: „Gut, gut, Margret, sag bitte, wann du fertig bist, und dann gehen wir." Alsdann greift er ohne erkennbare Aufbruchstimmung nach einer der letzten Zeitungen und beginnt, interessiert zu lesen. Johannes weiß aus Erfahrung: ‚Wir können sofort los', bedeutet in der Realität: ‚Los wollen wir, aber bitte, treib mich nicht!' Die in einer solchen unbestimmten Angabe verborgene Zeitreserve ist variabel.

Bereits nach einer guten halben Stunde verkündet Margret den endgültigen Status: „Ich stehe hier und warte auf dich, Johannes, wir können los!"

Er greift nach Schal und Mantel und hat bereits den Türdrücker in der Hand: „Wo bist du, Margret, ich hörte dich sagen, wir könnten nun gehen?"

„Ich ziehe doch besser meine Laufschuhe an, die mit dem warmen Futter. Bei dir ist man ja nie sicher, wohin wir gehen und wie lange wir wegbleiben. Hast du Geld eingesteckt, Johannes?"

„Hab ich, Margret. Ich geh schon mal ins Treppenhaus voraus. Im dicken Mantel wird es mir hier in der Wohnung zu warm."

„Nicht doch, Johannes, wir gehen zusammen. Was macht das für einen Eindruck, wenn wir so tropfenweise hintereinander herlaufen!"

6

Also macht er die halbgeöffnete Haustür wieder zu, knöpft den Mantel auf und entknotet den Schal. Dieses ‚Nicht doch, Johannes‘ birgt nämlich eine Botschaft in sich, die da lautet: ‚Warte ab, mir ist da grad noch etwas eingefallen.‘ Und richtig: „Mir fällt eben ein, Johannes, es ist ja noch einiges an Weihnachtspost liegen geblieben. Wir werden gewiss an einem Briefkasten vorbeikommen. Was weg ist, ist weg, nur noch das Porto aufkleben, hier sind die Briefmarken, Johannes! Hast du den Haustürschlüssel eingesteckt?"

„Ja, ja, ich habe Geld eingesteckt, den Haustürschlüssel in der Tasche und die Marken aufgeklebt, und wenn du nun nicht bald durch diese Tür die Wohnung verlässt, dann kannst du allein gehen, zum Donnerwetter!"

„Was du immer gleich hast! Du solltest dich mäßigen, Johannes!" Magret ist fertig für den Spaziergang, lässt sich die Tür aufhalten, kaum dass sich Johannes noch vorm Spiegel den Schal binden und den Mantel zuknöpfen kann.

„Lass dich ansehen, Johannes", dabei ordnet sie seinen Schal und fügt missbilligend hinzu: „So kann man doch nicht unter die Leute gehen."

Natürlich weiß er, das versteckte Signal sofort richtig zu deuten: ‚Sag, dass ich gut aussehe mit dem neuen Seidentuch und dem passenden Hütchen dazu‘, lautet es frei übersetzt. Nach kurzer Überlegung sagt er deshalb liebenswürdig lächelnd: „Solange du neben mir gehst, Margret, kann ich gekleidet sein wie ein Bettler. Alle Leute sehen ohnehin nur dich an. Gut siehst du aus!"

Nun lächelt auch sie, eine günstige Gelegenheit für Johannes, sehr direkt zu fragen: „Wollen wir nun endlich los, Margret?"

Ohne ein weiteres Wort und Hand in Hand verlassen beide das Haus, umgeben von einer Aura sanfter Harmonie. So gehen sie ihre Runde durch die Stadt, zurück auf der Promenade am Wasser entlang und genießen die Bewegung in frischer Luft.

Den Briefkasten an der Eckernförder Hauptpost haben sie vor lauter anderen Eindrücken schlichtweg übersehen, was im Grunde weniger schwer wiegend war, wie sich herausstellte. Die ohnehin verspätete Weihnachtspost war nämlich in der Phase der letzten Vorbereitungen zum Spaziergang auf der Flurgarderobe liegen geblieben.

Für den Fall, dass Margret dies liest oder es jemand liest, der Margret heißt, sei beteuert: Die Episode ist selbstverständlich frei erfunden, wenngleich der Weihnachtsspaziergang tatsächlich alle Jahre stattfindet.

UDO BIELENBERG
Wie man sich bettet ...

Im engeren Kreise der Freunde und Bekannten war es längst kein Geheimnis mehr: Hartwig und Lore schliefen seit Jahr und Tag getrennt.

Muss man immer alles punktgenau begründen, was man tut und lässt? Wo jedoch nichts zu verbergen ist, darf die Vernunft gern zu Wort kommen: Hartwig schnarchte wie ein Holzfäller und hatte dazu das unstillbare Bedürfnis, bei offenem Fenster zu schlafen. In welcher Weise sich Schnarchen und frische Luft beeinflussten, ist nicht bekannt, da auch bei winterlichen Temperaturen das Fenster geöffnet blieb. All das war für Lore kein hinnehmbarer Zustand.

Umgekehrt hatte sie die Angewohnheit, nachts in Intervallen zu lesen, da sie einen unruhigen Schlaf hatte. Sie ließ dann häufig das Licht über mehrere Stunden brennen, auch wenn sie zwischendurch das Buch aus der Hand legte, um der Müdigkeit nachzugeben. Lore musste es außerdem gern zwanzig Grad warm haben, keinesfalls aber unter achtzehn. Dazu passt natürlich kein offenes Fenster.

Bei solchen Gegensätzen war es nur allzu verständlich, dass einer beizeiten aus dem gemeinsamen Schlafzimmer auszog. In diesem Falle war es Lore, die das Feld geräumt hatte, freiwillig, versteht sich.

Beide waren mit dieser Lösung zufrieden und wären es wohl auch geblieben, wenn Lore nicht nach geraumer Zeit über arge Schmerzen im Rücken geklagt hätte. Nichts wollte dagegen helfen, keine Salben, kein Heilpflaster und auch kein wärmendes Katzenfell. Und gerade das soll ja gegen Rheuma Wunder wirken.

„Das liegt einzig und allein an deiner alten Bettcouch, Lore, glaub es mir", versuchte er ihr zu erklären und wies dabei auf die ausgelegene kuhlenartige Vertiefung der Federmatratze.

„Da würde ich auch Rückenschmerzen bekommen", fügte er bekräftigend hinzu und wartete auf eine zustimmende Reaktion. Aber es verging noch geraume Zeit, bis Lore einsichtig genug war, dem Schlafmöbel, das schon so manchem Gast zur Ruhe gedient hatte, endgültig die Schuld für ihr Leiden zu geben.

„Wir kaufen dir ein vernünftiges Bett mit Lattenrost und rückenfreundlicher Matratze, Lore, lass es kosten, was es will, Gesundheit geht vor!" Seine Lore aber wollte aus dem ehemaligen Gästezimmer keinen Nur-Schlafraum machen. Also entschied sie sich gegen Hartwigs Rat für ein neues Bettsofa, tagsüber Couch, nachts Schlafstatt, so ein Stück Möbel mit Kippvorrichtung und wohnraumgemäßem Polsterbezug, wie überall erhältlich.

Ein Kieler Möbelhaus lieferte pünktlich zu Weihnachten, einschließlich gebrauchsfertiger

10

Montage. Die alte Bettcouch landete auf dem Hausboden, bis sich vielleicht eine bessere Verwendung für sie finden ließ. Für den Sperrmüll, so jedenfalls meinte Lore, wäre sie wohl doch zu schade gewesen.

Lore freute sich über die Neuanschaffung, die in den gewählten Farben so ausgezeichnet zu Teppich und Gardinen passte. Auch mit der einfachen Mechanik zur Umrüstung von Sofa auf Bett war sie schnell vertraut. So konnte sie kaum erwarten, müde zu werden, um ihren gepeinigten Rücken zu entspannen.

„Endlich eine Nacht ohne Schmerzen, wie werde ich gut schlafen!"

Damit wünschte sie ihrem Hartwig eine gute Nacht und zog sich frühzeitig mit einem Buch zurück.

Hartwig hatte es nicht so eilig, war doch der nächste Morgen bereits sein erster Weihnachtsurlaubstag. Er zappte sich durch die Fernsehprogramme, genoss ein letztes Glas Wein und begab sich dann auch zur Ruhe.

Obwohl er am nächsten Morgen später als gewöhnlich aufstand, war im Haus noch alles still. Keine Lore, die bereits in der Küche hantiert hätte, nichts rührte sich. Überrascht, weil ungewohnt, schlich er zum Gästezimmer und öffnete leise die Tür, nur einen Spalt breit. Auf dem neuen Schlafsofa lagen nichts als ungeordnete Decken und Kissen. Wo aber war seine Lore, vielleicht bereits im Bad?

Hartwig lauschte hier und suchte dort. Lore war weder zu hören noch zu finden. Eine gewisse Beunruhigung griff in ihm Platz, die sich zu abwegigen Vermutungen steigerte und schließlich zur lauten Stimme wurde: „Lore, wo bist du, . . . Lore?", rief er durchs Haus, und weil er nicht sofort Antwort erhielt, wiederholte er sein Rufen mit nachhaltigem Donnerhall: „Lore!"

„Hier bin ich, Hartwig, wenn du mich suchst", kam es da mit leiser Stimme von oben herunter. Dann klappte dort eine Tür ins Schloss und Schritte wurden auf der Bodentreppe laut.

„Ja, um alles in der Welt, wo kommst du denn her, Lore?", fragte Hartwig überrascht.

„Vom Hausboden komme ich, wie du siehst, und dort habe ich den Rest der Nacht auf meiner alten Bettcouch geschlafen, weil ich auf der neuen Liege kein Auge zugetan habe vor lauter Rückenschmerzen."

„Das auch noch!", entfuhr es Hartwig, der in diesem Moment nicht so sehr an den Rücken seiner Frau als vielmehr an Geld und Kontostände dachte.

Lore spürte seine ketzerischen Gedanken und verfiel in einen klagenden Ton: „Hartwig, da, wo das Sofa auseinanderklappt, genau da entsteht eine Rille, der Länge nach mitten auf der Bettmatratze, nicht auszuhalten, wenn man bereits ernsthaft vorgeschädigt ist wie ich."

„Die alte Bettcouch hat eine Kuhle, die neue eine Rille, frohe Weihnachten, liebe Frau!"

„Wir hätten eben doch besser ein richtiges Bett kaufen sollen, Hartwig." Lore war den Tränen nahe.

„Erbsenprinzessin", sagte Hartwig versöhnlich, konnte aber dennoch nicht umhin, etwas strenger hinzuzufügen, „habe ich dir nicht zu einem vernünftigen Bett geraten?"

„Ja, ja, aber nicht überzeugend genug, hätte ich mir sonst diese Rillencouch ausgesucht? Gib es zu, Hartwig, du bist nicht unschuldig an allem!"

Hartwig merkte sofort, hier lief die Diskussion mal wieder aus der Spur, wie so oft bei ähnlichen Gelegenheiten. Am Ende würde er klein beigeben und sich für alles auch noch entschuldigen, weil er nun einmal keine Tränen sehen konnte.

Außerdem war Weihnachten!

„Nur gut, dass wir die alte Couch behalten haben, denn über die Feiertage lässt sich wohl kaum eine andere Lösung finden, Lore."

„Willst du mich etwa Nacht für Nacht auf dem Boden schlafen lassen, ist das deine Auslegung der christlichen Weihnachtsbotschaft? Sag was dazu, Hartwig!"

„Und was denkst du, sollte ich sagen?"

„Du könntest mir dein Schlafzimmer anbieten und über die Feiertage auf der Rille schlafen. Dein Rücken ist schließlich in Ordnung. Was meinst du, Hartwig, wo doch Weihnachten ist?"

Damit hatte er gerechnet, um nicht zu sagen, er hatte diese Frage sogar befürchtet. Er, der schwer ein Nein über die Lippen brachte, stand nun unvermittelt im Zentrum des Problems. Einmal Bettenwechsel, für immer Bettenwechsel?

„Wir lassen uns was einfallen", war deshalb seine ausweichende Antwort, mit der seine Lore natürlich nicht zufrieden war, aber dennoch vorerst zufrieden sein musste. Eine kluge Frau überspannt den Bogen nicht.

Hartwig war Praktiker, ging die Dinge mit Sachverstand an, in diesem Falle nach dem die-Rille-muss-weg-Prinzip. Mit Schaumstoff, Schere und Klebeband versuchte er, dem Übel beizukommen, als Übergangslösung natürlich.

„Wenn du meinst", sagte Lore wenig überzeugt. Mit einem Roman unterm Arm zog sie sich gegen Mitternacht ins Gästezimmer zurück und kam am nächsten Morgen unausgeschlafen die Bodentreppe herab, sagte gar nichts und schüttelte auf Hartwigs stumme Frage nur genauso stumm den Kopf. Klar, Schaumstoff und Klebeband hatten nicht den Durchbruch gebracht, wie erhofft.

„Erbsenprinzessin", stöhnte Hartwig fast unhörbar, denn mit unausgeschlafenen Menschen ist nicht gut laut reden.

„Und den Menschen ein Wohlgefallen ...", zitierte Lore vorwurfsvoll eine Zeile der Weihnachtsgeschichte, eine Hand im Rücken und

14

Schmerzensfalten im verdüsterten Angesicht. Am Heiligen Abend zog Lore dann dankbar ins Schlafzimmer um, angelegentlich bemüht, den na-also-Blick vor ihrem Hartwig zu verbergen. Es wurden schöne Festtage, weil beide ausgezeichnet schliefen, auch Hartwig auf dem Rillensofa im Gästezimmer, was er allerdings aus taktischen Gründen nicht zugab.

Inzwischen stehen nun zwei Bettcouchen auf dem Boden, eine mit einer Kuhle, die andere mit einer Rille. Lore aber hat sich unter fachlicher Beratung ein Bett ausgesucht, das aussieht wie ein Bett und sich auch verhält wie ein Bett. Sie ist alsdann ins Gästezimmer zurückgekehrt, das nun allerdings eher wie ein elegantes Schlafgemach wirkt.

Nur eines ist auf der Strecke geblieben: der geplante Jahresurlaub.

„Rücken oder Mallorca?", hatte Hartwig seine Erbsenprinzessin gefragt, und Lore hatte diesmal sehr spontan geantwortet. Die nachträgliche Vorstellung, sie hätte das Weihnachtsfest wahlweise zwischen Kuhle und Rille, womöglich sogar zeitweise auf dem Hausboden, verbringen müssen, beflügelte sie ungemein zu dieser schnellen Reaktion. Denn: Wie man sich bettet, so schläft man!

LOTTE BRÜGMANN-EBERHARDT
Tagebuch der Wünsche

Als meine Tante Marie in Kiel starb, musste ich ihre Wohnung in der Schillerstraße auflösen. Beim Aussortieren fand ich ihr altes Tagebuch, und die Eintragungen aus und nach dem Krieg machten mich sehr nachdenklich.

Es beginnt im Jahre 1944:

20.12.44 „Mein innigster Weihnachtswunsch: Wieder einmal eine ganze Nacht durchschlafen können, ohne Fliegeralarm und ohne Sorge um den Vati an der Front! Hoffentlich bekommt er das Feldpostpäckchen! Ich habe in den Kuchen die Hälfte meiner Fettmarken verbacken und außer den aufgesparten Zigaretten noch eine von unseren wenigen Kerzen beigelegt!"

24.12.44 „Heute Morgen erhielten wir das schönste Weihnachtsgeschenk: Nach fünf Wochen des Wartens endlich ein Brief von unserem Vati!"

19.12.45 „Dieses Jahr wird es uns wohl schwer fallen, Weihnachtsstimmung zu haben! Dem Vati in Gefangenschaft können wir nicht einmal einen Brief schreiben, nur eine förmliche Karte! Mit Mühe habe ich einige Zuckermarken übrig gemacht, um den Kindern ein paar Bonbons zu kaufen. Hoffentlich werden mir die paar Äpfel nicht schlecht, die es Anfang des Monats auf Sonderabschnitt gab. Wenn ich nur am Heiligen Abend ein paar Kohlen hätte, um eine warme Stube zu machen, dann wäre ich schon zufrieden."

25.12.45 „Onkel Hans aus Flintbek hat uns eine große Weihnachtsfreude gemacht: Eine ganze Mahlzeit Kartoffeln! Er hat sie im Herbst gesammelt. Wenigstens heute einmal keine Steckrüben schneiden! Hat man früher je gewusst, welch köstliche Frucht eine Kartoffel ist?"

18.12.47 „Das erste Fest wieder mit unserem Vati! Wenn er nur wieder gesund wird, dann wollen wir froh sein! Ich habe eine Muckefucktorte gebacken. Sie ist ganz klitschig geworden, weil das Maismehl nicht bindet. Aber die Kinder werden sie schon verputzen! Es ist ja die einzige Weihnachtssüßigkeit!"

24.12.47 „Gestern schickte uns die Bauersfrau aus Husby, bei der wir evakuiert waren, ein halbes Pfund richtige Landbutter. Das gibt ein Feiertagsfrühstück, für jeden eine Butterschnitte! Ist das nicht ein wunderbares Weihnachtsgeschenk?"

18.12.48 „Für jeden eine Kleinigkeit, zu mehr reicht das neue Geld nicht. Aber wir haben wenigstens wieder etwas Ordentliches auf dem Tisch!"

18.12.50 „Nachdem Vati den neuen Anzug, die Kinder Winterzeug und ich den Mantel bekommen habe, bleibt nicht mehr viel für Weihnachten. Das Geld reicht nicht hin und nicht her!"

20.12.52 „Wenn wir nur erst eine neue Wohnung hätten, dann hätte ich keine Wünsche mehr."

Aber diese Eintragung stimmt nicht. In den folgenden Jahren werden die Wünsche immer größer: vom Radio über den Kühlschrank zum Fernseher und zum eigenen Auto. Schließlich steht das eigene Haus auf dem Wunschzettel und das Wort „zufrieden" taucht überhaupt nicht mehr auf.

Ist dies das Tagebuch einer maßlosen Frau? Seien wir ehrlich, haben wir nicht alle so ein „Tagebuch der Wünsche" geführt?

Wenn ich so zurückdenke, meine ich, wir waren damals, als eine geschenkte Mahlzeit Kartoffeln, ein sehnsüchtig erwarteter Brief oder eine dick bestrichene Butterschnitte noch echte Weihnachtsfreude bedeuteten, wesentlich dankbarer.

LOTTE BRÜGMANN-EBERHARDT
Der allerschönste Weihnachtsbaum

Sie war glücklich. Nach langer Einsamkeit hatte sie ihn gefunden, mit dem sie fortan ihr Leben teilen wollte. Sie hatte lange gezögert, es sollte keine kurze Affäre, sondern eine dauerhafte Gemeinsamkeit werden. Aber nun hatte sie sich entschlossen und ihm versprochen, den Heiligen Abend als Auftakt ihrer Zweisamkeit mit ihm zu feiern.

Eifrig machte sie sich daran, das Fest vorzubereiten. Es sollte ein ganz besonderer Abend werden, ein echtes Fest der Liebe. Sie backte und bastelte und dachte sich manche Überraschung aus. Sie wollte für alles sorgen, nur den Weihnachtsbaum sollte er beschaffen.

Am Tag vor dem Heiligen Abend hatte sie die Wohnung festlich geschmückt, der Braten war vorbereitet, die bunten Teller gefüllt, nur der Weihnachtsbaum fehlte noch.

„Den holen wir morgen früh! Ich hole dich ab", meinte er.

Sie wunderte sich etwas, dass er das nicht allein konnte, glaubte aber dann, sie solle ihn wohl nach ihrem Geschmack aussuchen.

Am Morgen machte sie sich also mit ihm auf den Weg. Als sie den Kieler Wilhelmsplatz überquerten, wo viele Weihnachtsbaumhändler sich frierend die Hände rieben, verzögerte sie den Schritt. Er aber zog sie zielstrebig weiter.

19

„Warum kaufen wir hier nicht?", fragte sie. „Die Auswahl ist doch groß!"

„Warte nur ab! Ich habe für dich den allerschönsten Baum ausgesucht, den ich finden konnte."

Er zog sie weiter bis ins Vieburger Gehölz, wo er vor einer ausgedehnten Tannenschonung stehen blieb.

Stolz wies er auf eine schlanke, gut gewachsene Tanne hin.

„Nun, was sagst du dazu? Ist sie nicht einmalig schön?"

Sie blickte ihn verständnislos an. „Was soll das? Die ist doch gar nicht geschlagen, die steht doch bestimmt nicht zum Verkauf?"

Er lachte. „Stell dich auf den Weg und pass auf, dass keiner kommt. In wenigen Minuten gehört sie dir." Er zog eine Säge aus der Tasche.

Sie starrte ihn fassungslos an. „Du willst die Tanne stehlen? Einen Weihnachtsbaum stehlen?" Es klang beinahe ungläubig, als hielte sie das Ganze für einen Scherz.

„Was heißt hier stehlen?", wehrte er unwillig ab. „Die Schonung steht sowieso viel zu dicht und muss verzogen werden. Ich nehme dem Förster nur eine Arbeit ab."

„Du würdest Weihnachten feiern mit einem gestohlenen Baum?", wiederholte sie noch einmal kopfschüttelnd, ohne seinen einfältigen Einwurf zu beachten. „Das darf doch wohl nicht dein Ernst sein!"

20

„Wenn er erst einmal geschmückt ist, siehst du ihm das doch nicht an", meinte er grinsend, „billiger kannst du ihn jedenfalls nicht bekommen."

Ohne ein weiteres Wort drehte sie sich um und schlug ohne zu zögern den Rückweg in die Stadt ein. Er hastete hinter ihr her und redete auf sie ein. „Sei doch nicht albern! Einen so gut gewachsenen Baum bekommst du überhaupt nicht zu kaufen."

„Hör auf!", unterbrach sie ihn ärgerlich. „Ich glaube, du brächtest es sogar fertig, mir zu meinem Geburtstag einen Blumenstrauß im Düsternbrooker Gehölz zu pflücken.

„Na und? Die Hauptsache ist doch wohl, dass ich überhaupt an deinen Geburtstag denke", erwiderte er zynisch.

Sie schwieg, behielt aber ihr Tempo bei. Als sie den Wilhelmsplatz erreichten, sah sie, dass die Händler bereits Feierabend gemacht hatten. Die Bäume waren verladen, der letzte Händler wollte gerade abfahren. Auf seinem Platz lag noch ein einziges, verkrüppeltes Bäumchen.

Sie hob es auf und fragte: „Was soll es kosten?"

„Den nehmen Sie man so mit, den hab ich ausrangiert", meinte der Mann gutmütig.

„Danke!" Sie klemmte das Bäumchen unter den Arm und ging.

Er packte sie am Ärmel. „Du glaubst doch wohl nicht, dass ich mit einem solchen Krüppel von Baum Weihnachten feiere?", empörte er sich.

Sie zuckte die Achsel. „Das ist deine Entscheidung. Lieber ein ehrlich erworbener Krüppel als ein gestohlenes Prachtexemplar."

„Entscheide dich, mit wem du Weihnachten feiern willst, mit diesem Gestrüpp oder mit mir?"

Sie sah ihn mit großen ernsten Augen an und atmete tief durch. Es tat weh, sehr weh, einen Traum zu begraben, aber sie hatte keine Wahl.

„Leb wohl, es hat keinen Zweck, wir passen nicht zusammen!"

Beleidigt drehte er sich um und schritt davon.

Sie aber ging heim und stellte das Bäumchen in die Ecke, sank auf einen Stuhl und weinte über eine verlorene Liebe.

Sehr viel später stand sie auf, holte das Bäumchen herein und schmückte es mit viel Sorgfalt. Dann setzte sie sich hin, schaute in die flackernden Kerzen und verspürte einen Hauch von Dankbarkeit, hatte doch dieses Bäumchen sie davor bewahrt, dem größten Irrtum ihres Lebens zu verfallen. Und darum war es für sie der allerschönste Baum.

IRMGARD GREIFF
Frohes Fest

Grelle Lichterketten überspannten die breite, belebte Mönckebergstraße in Hamburg. Sie wurden lebendig, wenn der Wind sie bewegte, und sie gaben der Straße ein wenig erste weihnachtliche Stimmung. Reich geschmückte Tannenbäume standen in großen Keramiktöpfen auf den Bürgersteigen, und vor den Warenhaustüren rauchten Weihnachtsmänner in roten Mänteln und weißen Rauschebärten ihre Zigaretten. Dabei verteilten sie Bonbons und Kaugummis mit Firmenaufdruck an die Kinder und vor allem an die Eltern. Eigentlich war es noch viel zu früh für den Weihnachtszauber, es ging gerade erst auf die Adventszeit zu. Aber der lange Sonnabend hatte schon Scharen von Neugierigen in die Hamburger Innenstadt gelockt.

Unter den Passanten waren auch Elisabeth Hartmann und ihr Mann Jürgen, beide um die Mitte vierzig. Sie bummelten durch die Straßen, sahen hier und da in die großen, hell erleuchteten Schaufenster, aber kaufen wollten sie noch nichts. Sie hatten einfach nur vor, ein wenig vorweihnachtlichen Trubel zu genießen.

Aber als dann ein scharfer, frostiger Ostwind aufkam, flüchteten die beiden Hartmanns in eines der gemütlichen Cafés in der Nähe des Rathauses zu Glühwein und gefüllten Berlinern.

Die Hartmanns saßen an einem der breiten Fenster und konnten von dort aus den Menschenstrom auf der Straße beobachten.

Kopfschüttelnd meinte Jürgen: „Muss der Betrieb nun wirklich sein? Als ob es nachher nichts mehr zu kaufen gäbe! Dabei sind es noch gute drei Wochen bis Weihnachten!"

Elisabeth Hartmann nickte: „Die ganze Vorweihnachtszeit wird eigentlich immer mehr zum Kaufrummel." Dabei rührte sie nachdenklich mit dem Glasstäbchen in ihrem Glühwein und fuhr fort: „In Ratzeburg war es doch um diese Zeit noch viel ruhiger. Natürlich hatten wir da auch Weihnachtsstimmung in der Stadt – sicher – aber das Fest fing doch eigentlich erst richtig an, wenn wir mit Jochen und deinen Eltern am Heiligen Abend im Dom gewesen waren."

Jürgen Hartmann steckte sich bedächtig eine Zigarette an und sah in den Trubel nach draußen. Seine Augen waren nachdenklich, als er sagte: „Ich wäre ja auch lieber in Ratzeburg geblieben, Lisa, bei meiner alten Bank. Aber was blieb mir übrig, nachdem die Unternehmen fusioniert hatten? Hätte ich Nein sagen sollen, als sie mir die Stelle des Leiters hier in Hamburg anboten? Schließlich war das ja auch ein ganz schöner Sprung nach oben. Und es hätte ganz anders für uns kommen können, wenn ich abgelehnt hätte." Er streifte die Zigarette im Ascher ab und sah seine Frau voll an.

„Sicher hast du Recht, Jürgen", gab Elisabeth zu, „aber bis jetzt habe ich mich immer noch nicht ganz umgewöhnt. Für Jochen war es auch eine große Umstellung. Allein schon die andere Schule, und ihm fehlen vor allem seine Freunde."

Jürgen lehnte sich zurück: „Ich weiß nicht, Jochen fährt doch oft genug zu seinen Ruderfreunden nach Ratzeburg. Morgen will er ja wieder hin, zur Adventsfeier im Ruderclub. Und Mutter und Vater freuen sich auch, wenn er dann übers Wochenende bei ihnen ist. Ich bin wirklich froh, dass die beiden alten Herrschaften sich recht wohl fühlen in der Senioren-Residenz. Ein tolles Wort übrigens: Senioren-Residenz für Altersheim ... Na ja, Vater ist jedenfalls in seine Heimatstadt zurückgekehrt nach der langen Zeit in Bonn, und am Heiligen Abend sind sie ja auch dies Jahr bei uns, am ersten Feiertag bei Franziska und Robert und am zweiten bei Edgar und Norma. Dann ist die ganze Familie wieder zusammen."

Elisabeth legte die Hand um das Glas mit dem Glühwein, der kalt geworden war. Schließlich sah sie auf und sagte zögernd: „Weißt du, Jürgen, manchmal habe ich schon gedacht, ich möchte die Weihnachtstage wieder einmal ganz ruhig und gemütlich nur mit dir und Jochen verbringen. Der Besuch deiner Eltern macht ja doch viel Arbeit! Du holst sie von Ratzeburg ab, ich stehe in der Küche und muss die Weihnachtsgans braten. Alles wieder sauber machen, restliche Einkäufe, und abends bin ich müde und erschossen. Dann ist der Tag eigentlich für mich gelaufen. Und dass deine Eltern durchaus ihre Eigenheiten haben, das weißt du auch."

Jürgen schnippte die Asche von seiner Zigarette und schwieg, bis Elisabeth fortfuhr: „Franziska und Norma geht es übrigens ebenso. Franziska braucht als Ärztin an den Weihnachtstagen ihre Ruhe. Von Norma und Edgar ganz zu schweigen, die am Heiligabend bis fünf Uhr im Geschäft stehen. Die beiden würden so gerne mal über Weihnachten für ein paar Tage wegfahren – gerade jetzt, wo ihr Junior in Florida ist."

Nach einiger Zeit antwortete Jürgen Hartmann ziemlich gedehnt: „Gewiss, das kann ich mir alles vorstellen. Aber wie willst du das ändern, Lisa? Wir können doch meine Eltern nicht plötzlich zu Weihnachten allein lassen!"

„Wir wollen sie ja nicht vernachlässigen!", wurde Elisabeth eifrig. „Aber ich war ja vor ein paar Tagen bei Franziska, und die hatte in der Zeitung eine ganz interessante Anzeige gesehen. Da bot ein Reisebüro eine fünftägige Weihnachtsreise für Senioren nach Bad Harzburg an, in ein Vier-Sterne-Hotel. Das wäre doch was für deine Eltern! Und Norma ist auch dafür, dass wir den beiden diese Reise zu Weihnachten schenken. Wir könnten doch alle zusammenlegen für die Fahrt, die am 23. Dezember beginnt und am 27. endet. Die Teilnehmer werden mit Zubringerwagen nach Lübeck gebracht, nach Bad Harzburg begleitet und direkt vor dem Hotel abgesetzt. Der Rückweg ist genauso durchorganisiert. Wäre das nicht eine gute Lösung ?"

Elisabeth war überzeugt von ihrer Idee und sah ihren Mann mit blanken Augen an.

Jürgen sagte zunächst gar nichts und malte mit dem Zeigefinger kleine Kringel auf die Tischdecke, bevor er sich zu einer Antwort durchrang.

Er zog die Stirn ein wenig hoch und sagte: „Ja, sicher ..., aber ... das würde doch völlig aus dem Rahmen fallen ! Und ich könnte mir vorstellen, dass Mutter und Vater gar nicht so begeistert von deiner Idee sind."

„Warum denn nicht ?", fuhr Elisabeth auf. „Können sie es denn besser haben ? Und Bad Harzburg ist doch wunderschön !"

„Sag mal, Lisa", Jürgen sah seine Frau voll an, „du hast mit Norma und Franziska schon über Einzelheiten gesprochen, scheint mir ?"

Elisabeth zögerte ein wenig: „Na ja, doch, das habe ich. Und wir sind uns einig, dass das eine gute Lösung für uns alle ist. Wir können deinen Eltern am 3. Advent den Gutschein für die Reise in Ratzeburg gemeinsam überreichen, und ein so großes und gut gemeintes Geschenk lehnen sie bestimmt nicht ab."

„Aber was wird Jochen sagen?", überlegte Jürgen Hartmann. „Für ihn gehören seine Großeltern doch zum Weihnachtsfest wie – na, wie der Lichterbaum."

„Jochen wird sich darüber kaum große Gedanken machen", erwiderte Elisabeth. „Schließlich ist er mit seinen fünfzehn Jahren kein Kind mehr."

Jürgen war der Gedanke, seine Eltern auf diese Art auszuladen, unbehaglich. Er wiegte den Kopf, als er antwortete: „Also ich weiß nicht recht, Lisa, mit der Sache muss ich mich erst anfreunden."

„Ich muss ja sowieso noch mit Franziska und Norma über die Einzelheiten sprechen", nickte Elisabeth. „Lass uns jetzt nach Hause fahren. Alles andere können wir später noch überlegen."

Jürgen bezahlte die Zeche, und die beiden Hartmanns machten sich auf den Heimweg.

Ein paar Tage überdachte man das Für und Wider in den drei Hartmannschen Familien, dann hatten die Damen sich durchgesetzt. Am 3. Adventssonntag würden sie den Eltern den Reisescheck bei einem gemütlichen Essen in Ratzeburg überreichen.

Nur Jochen war mit dieser Entscheidung nicht glücklich. Er hing sehr an seinen Großeltern und würde sie während der Weihnachtstage vermissen. Aber er wurde überstimmt.

Am 3. Advent fuhren die Hartmannssöhne dann mit ihren Frauen und mit Jochen nach

Ratzeburg. Man traf sich mit Friedrich und Paula Hartmann, den „Senioren", im „Seehof". Nach einem ausgezeichneten Essen mit köstlichem Fisch aus dem See saß man zusammen bei einem guten badischen Grauburgunder.

Draußen sank langsam der Abend, die ersten Lampen am Ufer spiegelten sich im Wasser, Teichhühner und Enten zogen sich in den Schilfgürtel zurück. Auf der Terrasse zum See hin stand eine hohe Tanne und reckte ihre Spitze in den Abendhimmel. Ihre Zweige wiegten sich ein wenig im Wind, der von den Waldhügeln her über das dunkle Wasser strich.

Im Saal verbreiteten Kerzen ihr warmes Licht, und zum ersten Mal kam echte Weihnachtsstimmung unter den Hartmanns auf.

Friedrich Hartmann zog an seiner geliebten Brasil-Zigarre, und Paula Hartmann war glücklich, dass endlich wieder einmal die gesamte Familie beieinander saß.

Nur auf Jochen sprang die gute Stimmung nicht über. Er wusste ja, was kommen würde.

Und richtig: gegen sieben Uhr, als schon der halbe Mond über dem See hing, erhob Jürgen Hartmann sich und klopfte an sein Glas. Als Ältestem war ihm die Aufgabe zugefallen, den Eltern das Weihnachtsgeschenk zu überreichen. Mit vielen guten Wünschen übergab er seinen Eltern den Reisescheck und schloss: „Dann habt ihr ein schönes und ruhiges Weihnachtsfest und braucht euch um nichts zu kümmern. In Bad Harzburg wird für alles gesorgt, und das Hotel ist ausgezeichnet."

Jürgen nickte seinen Eltern noch einmal zu, setzte sich und war überzeugt, dass er die Sache gut über die Bühne gebracht hatte.

Nur Jochen sah die Bestürzung, die für einen Augenblick im Gesicht seiner Großmutter stand. Paula wandte sich ein wenig ratlos ihrem Mann zu, der ihr sachte über die Hand strich. Dann stand er auf und bedankte sich, das Weinglas in der Hand, bei seinen Kindern für das großartige Geschenk. Er würde mit seiner Frau die Weihnachtsreise in den Harz sicher genießen. „Nochmals vielen Dank", beendete er seine kleine Ansprache und setzte sich wieder neben seine Frau, die ihn einen Moment schweigend ansah.

Man blieb eine Zeit lang zusammen, trank noch eine weitere Flasche Wein, aber niemand fühlte sich eigentlich ganz wohl. Tief innen rührte sich bei den Söhnen und ihren Frauen doch etwas wie ein schlechtes Gewissen, und die alten Hartmanns waren bemüht, ihre Enttäuschung zu verbergen.

Gegen 21 Uhr brachte Jürgen seine Eltern in ihre Senioren-Residenz zurück. Die beiden anderen Ehepaare hatten sich schon am „Seehof" verabschiedet.

Schließlich traten die drei Hamburger Hartmann-Paare gemeinsam den Heimweg an. Man hatte sich für den späten Abend noch zu einem Schoppen im Ratskeller verabredet.

Nur Jochen ließ sich am Rathausplatz absetzen und fuhr mit der U-Bahn sofort nach Hause.

Die sechs Hartmanns saßen noch lange nach Mitternacht zusammen, aber keiner von ihnen erwähnte das Weihnachtsgeschenk für die Eltern.

Auch bei den alten Hartmanns in Ratzeburg wurde es spät. Erst lange nach Mitternacht verlöschte in ihrem Appartement das Licht.

Die letzte Woche vor dem Fest verlief wie immer voller Hektik und Unruhe. Jürgen saß fast jeden Abend noch zu später Stunde in der Bank, Elisabeth hatte mit ihrer Spendenaktion „Brot für die Welt" alle Hände voll zu tun.

Dann verpatzte Jochen auch noch seine Mathematikarbeit und bezog einen gewaltigen Rüffel. Danach verschanzte er sich in seinem Zimmer und war tagelang schlechter Laune.

Endlich kam dann der Heilige Abend.

Elisabeth hatte für fünf Uhr ein Fondue vorbereitet und Jochen auf die Seele gebunden, ja rechtzeitig nach Hause zu kommen. Er quittierte die Anordnung lediglich mit einem Kopfnicken.

Jürgen hatte den Weihnachtsbaum mit weißen Kerzen und Lametta geschmückt und sah sein Werk zufrieden an, aber plötzlich gingen seine Gedanken ganz andere Wege.

Was die Eltern jetzt wohl machen würden? Ob sie sich sehr allein fühlten? War die Idee mit der Weihnachtsreise wirklich gut gewesen?

Aber Jürgen schüttelte die Gedanken ab, ging in die Küche und half seiner Elisabeth bei den Saucen für das Fondue.

Langsam ging die Uhr auf fünf zu, und beide warteten auf Jochen. Der Sohn kam jedoch nicht. Nach fast einer Stunde wurde Elisabeth böse und schimpfte auf ihren unpünktlichen Jochen. Aber als der um sieben immer noch nicht da war, mischte sich Sorge in den Ärger.

Jürgen versuchte, sie zu beruhigen, aber er saß selbst voller Unruhe.

Eine weitere Stunde verging, und es gab immer noch kein Lebenszeichen von Jochen.

Gegen acht jedoch klingelte das Telefon.

Elisabeth stürzte zum Apparat und riss den Hörer von der Gabel. „Ja bitte? Hier Hartmann!", stieß sie atemlos hervor. Auf alles war sie gefasst, kam aber völlig durcheinander, als sie die Stimme ihrer Schwiegermutter hörte.

„Elisabeth, ich wollte euch nur schnell fröhliche Weihnachten wünschen!", klang es vergnügt und zufrieden aus der Muschel. „Wir fühlen uns hier sehr wohl, und man verwöhnt uns förmlich. Es ist wirklich wunderbar hier in Bad Harzburg. Aber das Allerschönste ist doch für uns, dass Jochen hergekommen ist! Was für eine prächtige Idee! Aber ich muss jetzt Schluss machen. Vater und Jochen warten in der Halle, wir gehen gleich alle drei zum Weihnachtsdiner. Nochmals alles Gute und ein schönes Fest! Und ganz herzliche Grüße an Jürgen!"

Dann klickte es, und nur noch das Freizeichen war zu hören.

Fassungslos starrte Elisabeth auf das Telefon. Dann aber verstand sie, und ihr Gesicht überzog sich mit flammender Röte. Wortlos legte sie den Hörer auf.

GERD LÜPKE
Wacholder

In der Nähe der Stadt Soltau gibt es auch heute noch ein Stück echte Heide; nicht die üblichen dünnen Erikareihen neben den Viehweiden und an den Rändern der lichten Kiefernwälder, nein, richtige Heide !

Da schrauben sich dunkelgrüne Wacholdersäulen in den Himmel, und junge Birken stoßen durch dichtes Heidekraut, in dem der Wind raschelt. Ein sandiger Trampelpfad läuft hin zu dem altersbraunen Brückensteg über einem schmalen Bach.

Besonders still ist dies Stück Heide im Winter. Dann blitzen feine Schneekristalle auf den erstarrten Flammenzweigen des Wacholders, der Dezember hat die vielen tausend braungrünen Heidepflanzen mit Diamantenpulver bestäubt, und der Bach zieht sich von seinen überhängenden Ufern her langsam eine dünne Eisdecke über die Ohren.

Wenn dann Ruthmanns Haus am Rand der kleinen Heidefläche auch noch gemütlich aus seinem Ziegelschornstein qualmt, und an der niedrigen Dachrinne ein paar Eiszapfen in der Mittagssonne tropfen, mag man nicht wegsehen von diesem Bild. Die mannshohe Fichte im Vorgarten hat Ruthmann übrigens mit ein paar Silberkugeln geschmückt, schließlich steht das Weihnachtsfest vor der Tür.

Der hölzerne Stall ist neben dem Küchenfenster an die Hauswand gebaut und auch im Winter warm. Susi, die Ziege, streckt den weiß-
grauen Kopf neugierig durch ihre Futterluke in
die Kälte und zieht ihn schnell wieder zurück,
die Kaninchen hoppeln durch ihre Verschläge,
knabbern an ein paar halben Runkelrüben oder
räkeln sich in den Ecken, die langen Ohren
angelegt. Die Hühner sitzen auf ihrer Stange
und haben keine Lust, über die hölzerne Hüh-
nerleiter nach draußen zu gehen. Sogar der
Hahn schläft.

Dabei hat die weißgelbe Wintersonne gerade
erst ihren höchsten Tagesstand erreicht, eben
über den Kiefernwipfeln. Es fängt langsam an
zu schneien, die ersten Flocken setzen sich am
Küchenfenster fest.

Johann Ruthmann, in der ganzen Gegend bekannt als „der olle Jan", sitzt mit seiner Alma
an dem Tisch mit den festen, gedrechselten
Beinen beim Kaffee. Almas Eltern hatten
schon in dem Heidehaus gewohnt, und die beiden Ruthmanns sind hergezogen, nachdem Jan
als Schrankenwärter der Eisenbahn pensioniert
worden war. Ihr Sohn ist in Schweden verheiratet, sie haben, was sie brauchen. Ja, sie sind
vielleicht zufriedener als der Herr Eisenbahn-
Oberrat, der mit Jan Ruthmann zusammen
pensioniert wurde.

Allerdings: zur Ruthmannschen Zufriedenheit
gehört, vor allem beim Essen und sonderlich

beim Nachmittagskaffee, ein gut eingeschenkter Wacholderschnaps, der zudem ausgezeichnet in die Umgebung passt. Und bei einem einzigen muss es ja nicht unbedingt bleiben. So standen auch am vergangenen Heiligabend neben den Kaffeetassen zwei altertümliche, dicke Schnapsgläser von beträchtlicher Größe. Jan und Alma griffen immer mal wieder zu Tasse und Glas, tranken und nickten mit den Köpfen. Wacholderduft hatte sich in der Küche ausgebreitet, und der war nicht von draußen gekommen.

Da hielt ein Auto auf dem Zufahrtsweg vor dem Haus. Eine Wagentür klappte, und Alma kam hoch: „Der Dokter!"

Es klopfte an der Haustür, jemand kam ins Haus und ging ohne Aufenthalt sofort in die Küche. Doktor Lemke wollte sein Weihnachtskaninchen holen wie jedes Jahr. Der Gast schüttelte den beiden Ruthmanns die Hand und schnupperte sehr ausführlich, ehe er sich setzte. Jan Ruthmann zog den Kopf ein, da sah der Doktor ihn aber auch schon von der Seite an und fragte: „Wacholder?"

Jan nickte, und Doktor Lemke lehnte sich zurück: „Ruthmann, Sie wissen doch, dass Sie mit dem Zeug vorsichtig sein müssen! In Ihrem Alter taugt das nicht! Außerdem hat Ihre Leber was dagegen! Und Sie, Frau Ruthmann, Sie sollten an Ihre Nieren denken!" Allmählich wurde der Doktor lauter: „Ich hab Ihnen das ja wahrhaftig schon oft genug gesagt! Sie wollen doch noch ein paar Jahre leben?! Und ich will schließlich noch lange meine Weihnachtskarnickel bei Ihnen holen!"

Die beiden Ruthmanns wurden immer kleiner, Jan schob sein Wacholderglas ein wenig zur Seite, und Lemke beendete seine Philippika mit den markanten Worten: „Sie hören jetzt beide mit dem Alkohol auf! Wenn Ihnen Ihre Gesundheit lieb ist!"

Jan brauchte eine gewisse Zeit, ehe er mit halber Stimme fragte: „Aufhören, Dokter? Ganz und gar? Überhaupt nix mehr?"

Und Alma Ruthmann sah den Doktor so erschüttert an, dass der schmunzelte: „Also, ganz und gar wäre wirklich das Beste. Andererseits: wenn mal was Besonderes ist, sowas wie jetzt Weihnachten, ein Fest. Oder wenn Sie Ihre Hühner und Karnickel beim Wochenmarkt besonders gut verkauft haben, auf einem außergewöhnlich guten Geschäft kann schon mal einer stehen ... Einer, Ruthmann, einer! Sonst muss Schluss sein! Und das gilt für Sie beide!"

Die beiden Ruthmanns nickten kleinlaut. Alma stand auf und legte die Schnapsgläser in den Abguss. Als sie dann jedoch eine Kaffeetasse vor Doktor Lemke stellte, winkte der ab: „Schönen Dank, Frau Ruthmann, aber ich muss noch Patienten besuchen."

Also gingen die beiden Männer nach draußen, und Jan gab dem Doktor das geschlachtete Kaninchen, das an der Stallwand am Haken hing. Doktor Lemke verpackte es in einer schwarzen Ledertasche, es war nicht seine Doktortasche. Dann bezahlte er und ging mit Jan Ruthmann um das Haus zu seinem Wagen. Er stieg ein, drehte die Scheibe herunter und gab noch einmal strenge Anweisung: „Also, Ruthmann, wenn Sie und Ihre Frau das nächste Weihnachtsfest erleben wollen, dann machen Sie jetzt Schluss mit dem Schnaps!"

Jan stand stramm und sagte laut und deutlich: „Jawoll, Dokter!"

Lemke rief noch: „Fröhliche Weihnachten!", und fuhr ab.

Ein paar Augenblicke blieb Jan Ruthmann tief in Gedanken stehen, dann ging er langsam zurück in die Küche. Er setzte sich, überlegte noch einen Moment und sprach mit fester Stimme: „Kannst die Gläser wieder herkriegen, Alma, heut ist ja Heiligabend und das is'n Festtag!"

Die beiden Weihnachtstage waren dann ja ohnehin Feiertage, so ging das Fest noch nach alter Getränke-Ordnung hin. Aber mit dem 27. Dezember zog ein Unstern über dem Hause Ruthmann auf. Die beiden Alten saßen am Mittagstisch, und obwohl Alma Grünkohl gekocht hatte, wollte das Essen nicht rutschen. Die Kehlen waren einfach zu trocken. Zum Nachmittagskaffee fehlte der Wacholder erst recht, und am Abend saßen Jan und Alma sich mit düsteren Gesichtern gegenüber.

Auch am nächsten Tag hellten sich die Mienen nicht auf, und die beiden besprachen noch einmal die Vorschriften des Doktors, die sie in diese missliche Lage gebracht hatten. Festtage – na ja, der 28. Dezember ist nun mal keiner – wenn man nicht zufällig an diesem Datum geboren oder verheiratet worden war. Zum Verkaufen hatte man um diese Zeit zwischen den Jahren auch keine rechte Gelegenheit, schon gar nicht für besonders gute Geschäfte.

Aber Moment mal, verkaufen … Alma bekam plötzlich helle Augen und wurde einen halben Kopf größer. „Jan!", rief sie und hob den rechten Zeigefinger, „weißt du, was wir machen? Ich kauf dir unsere Ziege ab!" Alma sprang auf und holte aus dem Kühlschrank die Tasse mit dem Sprung, in der sie das Eiergeld aufbewahrte.

Jan hatte noch nicht begriffen, da drückte seine Frau ihm schon ein Geldstück in die Hand: „Hier hast du fünf Mark, Jan! Dafür kauf ich dir unsere Ziege ab!"

Da sah Jan klar: „Recht hast du, Alma! Eine stramme Milchziege für fünf Mark, das ist wahrhaftig ein dolles Geschäft!" Mit diesen Worten schlug er in die Hand seiner Frau ein, und die Ziege war verkauft an Frau Alma Ruthmann.

Durch diesen sehr vorteilhaften Handel war dann ja auch der Grund gelegt für mindestens einen Schnaps, und die Sonne schien wieder über dem Haus an der Heide.

Der 29. Dezember war auch in der Gegend von Soltau ein Werktag, und so verkaufte Alma die Ziege Susi nunmehr an ihren Mann. Sie nahm ebenfalls nur fünf Mark für das Tier, und dies zweifellos wieder sehr vorteilhafte Geschäft bildete die Grundlage für den Schnaps zum Essen. Auch am 30. Dezember wurde die Ziege Susi zum Nutzen beider Ruthmanns vorteilhaft verkauft, der 31. Dezember und der 1. Januar waren ohnehin Feiertage. Anschließend setzte der Handel mit der Ziege Susi wieder ein, deren Preis sich trotz aller Konjunkturschwankungen in der Weltwirtschaft nicht veränderte.

So gingen Kauf und Verkauf weiter, das ganze Jahr hindurch, nur unterbrochen durch Ostern, Pfingsten und den Tag des Mauerfalls.

Dann stand wieder Weihnachten auf dem Kalender, aber Doktor Lemke kam nicht. Er würde auch nie wiederkommen, um sein Festkaninchen abzuholen. Er war von einem anonymen Alkoholiker überfahren worden.

In der Heidkate war es am Heiligabend sehr still. Jan und Alma Ruthmann tranken schweigend den Wacholder auf das Andenken an ihren Doktor, und als sie die Gläser absetzten, hatten beide feuchte Augen.

GERD LÜPKE
Der Weihnachtsritt

Mitten im Land Vorpommern, nicht weit von
der Ostseeküste entfernt, liegt Grimmen, ein
beschauliches kleines Landstädtchen in jener
Zeit, als ich dort in die Mittelschule ging – nun
ja, gehen musste. Damals, um 1930, zog sich
wie heute durch die gesamte Altstadt zwischen
dem Tribseeser und dem Greifswalder Tor die
Hauptstraße hin. Freundliche Häuser säumten
den gepflasterten Damm, die wuchtige goti-
sche Kirche hob ihren dicken Backsteinturm
aus uralten Bäumen, und das Rathaus mit seinem Bogengang und der barocken Haube
schien immer ein wenig zu schmunzeln.
Kleine Geschäfte mit bunten Schaufenstern und
niedrigen Steintreppen luden ein, Schlachter
und Bäcker lagen gleich neben der Sparkasse
und dem Buchladen am Markt, und die Pferde-
gespanne der Bauern aus der Umgebung schnoben durch die Straße. Nach dem Wochenmarkt
fand man dann ihre dampfenden Spuren auf
den Pflastersteinen. Aber sie waren gut für die
Erdbeerpflanzen in den Gärten vor den Toren.
Um die Lange Straße zogen sich die niedrigen
Häuser, Werkstätten und Läden der schmalen
Nebenstraßen hin, und rund um Grimmen hatten sich kleine Vorstädte angesiedelt.
Besonders schön war die Stadt im Winter.
Dann thronten windschiefe Schneemützen auf

den Dächern, auch der Kirchturm hatte ein glitzerndes Barett aufgesetzt, und durch die Straßen verliefen lange, weiche Schneedünen. Der Rollwagen der „Bahnamtlichen Spedition" quälte sich durch die blinkenden Hügel, seine beiden belgischen Pferde mit den breiten Rücken und den Haarbüscheln über den Hufen zogen den hoch beladenen Wagen mit leisem Schnauben durch die Stadt. Vorbei an warm eingemummelten Hausfrauen auf dem „Trottoir", wie Gastwirt Konow sagte, preschte der Pferdeschlitten des Barons aus Clevenow. Der herrschaftliche Kutscher saß mit hocherhobener Peitsche stolz auf dem Bock, der Herr Baron grüßte leutselig, in dicke Decken eingewickelt, aus dem Fond.

Bäume am Straßenrand und auf dem Kirchhof ächzten unter ihrer Schneelast, in der Kleinen Straße glitschten ein paar Bengels auf einer großen Eispfütze um die Straßenpumpe, und über allem stand ein klarer, blauer Himmel um eine weißgelbe Sonne ...

Winter im Grimmen der frühen dreißiger Jahre. Natürlich war es nicht während der ganzen langen Winterszeit so idyllisch im Städtchen, oft war es auch nur kalt und nass und neblig. Aber aus der Kinderzeit bleibt ja eigentlich immer nur das gute und helle Wetter.

Grimmen lag damals aber tatsächlich in der Wintersonne – zumindest an jenem Heiligabend des Jahres 1931, als wir draußen vor dem

Tribseeser Tor in der Kirchhoffstraße wohnten. Wir, das waren Vater, Mutter, mein siebenjähriger Bruder Horst und ich mit meinen immerhin schon elf Jahren. Dem Herrn Konrektor Duchstein von der Mittelschule wird es damals wohl schon bei dem Gedanken gegraut haben, in wenigen Jahren einen zweiten Lüpke in sein Institut zu bekommen. Aber so weit war es ja noch nicht. Außerdem hatten wir Weihnachtsferien, und die Schule war Welten entfernt. Ganz glücklich aber fühlten wir uns an jenem Tage auch nicht: mein Bruder hatte vormittags gehustet, und unsere sehr fürsorgliche Mutter hatte uns daraufhin sofort beide in die Betten gesteckt. Sie selbst hatte dadurch auch Gelegenheit, in Ruhe für letzte Weihnachtseinkäufe in die Stadt zu gehen. Viel konnte daraus allerdings wohl nicht werden: die Zeiten waren sehr schlecht, und Vaters Gehalt als kleiner Eisenbahnbeamter war nur gering. Aber ich hatte doch durch den Türspalt hören können, dass ich das Buch mit den Indianergeschichten bekommen sollte. Für Bruder Horst lag meine zu eng gewordene, restaurierte braune Kunstlederjacke bereit, auf die er schon immer neidisch gewesen war. Aber würden wir auch wieder unsere Weihnachts-Apfelsine unter dem Tannenbaum finden? Jedes Jahr hatte ja doch am Heiligen Abend auf dem bunten Pappteller mit den Pfeffernüssen und Marzipankugeln eine dicke, gelbe Apfelsine gelegen und zwar jeweils eine ganze für jeden von uns beiden! Das war eigentlich das Schönste am Heiligen Abend.

Aber nun langweilten wir uns. Draußen lachte die Sonne vom Winterhimmel, und wir lagen im Bett! Unsere Freunde glitschten auf der zugefrorenen Trebel, die durch Grimmen fließt, sie bauten Schneemänner auf den Feldern rund um die Stadt, und wir wühlten in den Federkissen! Mein Bruder hustete ab und zu, wegen der inneren Rechtfertigung sozusagen, und ich knurrte ...

Da knallte auf einmal draußen auf der Straße eine Peitsche! Wir sprangen nur so ans Fenster, rissen es auf und hängten die Köpfe hinaus: jawohl, unten stand der Rollwagen von unserem Grimmer Spediteur, der mit Vater befreundet war. Der Rollkutscher hingegen, er hieß Jochen wie alle guten pommerschen Kutscher, war unser Freund! Wenn er einmal einen sehr guten Tag hatte, durften wir auf seinen Pferden reiten. Das geschah allerdings nicht oft, weil er das eigentlich nicht zulassen sollte. Aber nun hatte er seine letzten Kisten abgeladen, und es war ja auch Heiligabend, also knallte er noch einmal mit der Peitsche, als er uns sah, und wies vom hölzernen Bock aus mit großer Geste auf seine Pferde. So schnell kann kaum ein Mensch denken, wie wir unsere Strümpfe anhatten, die langen, schwarzen aus Wolle mit dem Knopf für das Gummiband, das vom Leibchen herunterkam. Dann hinein in die kurzen Hosen und die Jacken, zwei Treppen nach unten, zur Haustür hinaus und hin zum Rollwagen. Die Kälte machte uns überhaupt nichts aus, auch nicht die Tatsache, dass Fenster und Türen weit offen geblieben waren.

Jochen griente über sein ganzes breites Gesicht, als wir angeschlittert kamen. Dann schob er die Pelzmütze ins Genick, kletterte vom Bock und half uns auf die breiten Pferderücken. Wir klammerten die Hände um die Knöpfe am Sielzeug, reckten die Köpfe hoch und sahen von oben auf die Straße hinunter. Jochen saß inzwischen wieder auf dem Bock, schnalzte mit der Zunge und ließ die Peitsche knallen. Die Pferde schnoben, zogen an, und der schwere Wagen knirschte langsam durch den Schnee und das Eis der Straße. Wir beide aber fühlten uns als kleine Könige auf den wiegenden, braunen Rücken, und alle Jungen, sogar die aus der Schulstraße, bewunderten uns!

In der Zwischenzeit aber war unsere Mutter aus der Stadt zurückgekommen und sah die weit offenen Türen und die leeren Betten. Es musste etwas Entsetzliches passiert sein! Also drehte Mutter ohne Aufenthalt um und rannte, die Einkaufstasche noch in der Hand, mit fliegenden Pulsen zum Bahnhof, zu Vater. Zugleich mit ihr jedoch stürzte ein Eisenbahner ins Bahnbüro, der Vaters beide Söhne hoch zu

Ross in der Greifswalder Straße gesehen hatte. Daraufhin tobte nunmehr Vater los, ohne Mantel, Schal und Mütze, und er entdeckte uns hinter dem Greifswalder Tor als stolze Reiter. Damit allerdings war unser Triumphritt jäh beendet. Vater pflückte uns beide mit starker Hand von den Pferderücken, wenn wir uns auch heldenhaft fest hielten. Es half nichts: Vater schleppte uns ohne Gnade ab, und auf dem Weg nach Hause bemerkten wir dann erst, dass der Tag außerordentlich kalt war.

Mutter hatte inzwischen bereits ihre Nervenpillen genommen. Vater hielt uns, zu Hause angekommen, eine sehr eindringliche Ansprache darüber, dass wir eigentlich dem Tod ins Auge gesehen hätten und die Gefahr auch noch längst nicht vorbei wäre. Dann hustete er. Wir wurden wieder in die Betten gesteckt, mussten Kamillentee trinken und schwitzen, und wir durften erst abends zur Bescherung wieder aufstehen. Die Stimmung beim großen Fest war jedoch gespalten. Die Kerzen am Weihnachtsbaum brannten zwar, ich hatte mein Indianerbuch in der Hand, und mein Bruder Horst sah auf seine „neue" Jacke. Aber singen mochte eigentlich niemand so recht. Nicht einmal die dicken Apfelsinen lösten echte Hochstimmung aus.

So war ich am Weihnachtsmorgen schon früh draußen. Hinter unserem Haus begannen ja gleich die hart gefrorenen, verschneiten Felder.

Wir Jungen aus der ganzen Nachbarschaft bauten auf Rohdes Acker einen riesigen Schneemann mit dickem Kopf, Vaters alter Eisenbahnermütze, Kohlenaugen und einer Möhrennase – ganz wie es sich gehört. Ich war dabei Chef im Ring und ordnete an, was das Volk zu tun hatte. Man bewunderte mich ja noch, weil ich so meisterlich durch den Heiligen Abend geritten war.

„Als wie ein General!", sagte Siegfried Konow mit hoher Achtung.

Mittags gab es bei uns nur Kartoffeln mit Sauce. Mehr hatte unsere Mutter nicht geschafft. Der Doktor war schon im Hause gewesen und hatte ihr neue Tabletten verschrieben sowie volle Ruhe. Vater lag die beiden Feiertage ebenfalls im Bett, weil er sich so stark erkältet hatte. Meinem Bruder und mir aber, uns ging es gut. Wir brauchten keine Sonntagsanzüge anzuziehen, durften uns selbst die Butterbrote belegen, und unsere Eltern störten uns überhaupt nicht beim Toben.

So wurde es doch noch ein sehr schönes Weihnachtsfest.

CHRISTEL POEPKE
Der verhinderte Weihnachtsmann

Er entsprang irgendwo im Wald hinter Sieben-
bäumen, schlängelte sich durch die Wiesen bei
Kastorf, um dann aufgezottelt wie ein Kuh-
schwanz hinter Bliestorf in den Teich bei der
Brömbsenmühle zu münden. Und weil er dabei
immer so sinnig vor sich hin kullerte, wurde er
seit Menschengedenken immer nur der Kullerbach genannt.

Nun gab es für seinen Namen noch eine ganz
andere Auslegung, und die Dorfbewohner
zwinkerten mit den Augen, wenn die Rede
darauf kam ...

Der kürzeste Weg vom Mühlenkrug nach
Bliestorf führte durch die Wiesen hinterm
Dorf, und damit also über den Kullerbach.

Nun mochte das bei Tageslicht und in nüchter-
nem Zustand wohl ein Klacks sein. Ein kurzer
Anlauf, ein kräftiger Schwung, und schon war
man drüben.

Doch wenn man aus dem Mühlenkrug kam,
war es meist schon düster, und nüchtern war
man wohl auch nicht mehr so ganz. Da konnte
es schon passieren, dass man den Anlauf zu
schwungvoll nahm oder dass einem im ent-
scheidenden Moment die Beine einen Schaber-
nack spielten.

Kurzum: Es gab in all den Generationen, die
hier am Kullerbach lebten, kaum jemand, der

48

nicht schon ein-, wenn nicht mehrere Male hineingekullert war.

Der gute alte Kullerbach kannte das schon, und ganz sicher gluckste und kullerte er auch deshalb so stillvergnügt vor sich hin. Vor allem dann, wenn er jemanden erwischen und unterdükern konnte, der bisher noch keine Bekanntschaft mit ihm gemacht hatte, und der darob ein ganz besonderes Gezeter anfing.

Nun, im Sommer mochte das ja noch angehen – mehr noch, es konnte direkt zum Vergnügen werden.

Das Ereignis aber, von dem ich hier berichten will, fand am 24. Dezember statt, genauer gesagt: am Heiligen Abend.

Die Kinder im Dorf bemühten sich an diesem Tag immer, besonders brav zu sein und sich möglichst anständig zu benehmen, was sicher nicht so ganz einfach war, weil man doch vor spannender Erwartung den Bauch voller Ameisen hatte.

Wie gesagt, sie bemühten sich zumindest, das musste man anerkennen. Schließlich bekam man den Weihnachtsmann nur einmal im Jahr zu Gesicht. Und wenn man sich auch noch so sehr vor ihm fürchtete: es war doch auf eine grausliche Art schön, wenn er mit seinem Messingglöckchen durchs Dorf stampfte und sich die kleinen Wichte einzeln vorknöpfte. Und da seine Polterstimme und die dicke Wurzelnase, die aus der Kapuze herausragte, ein wenig an den Mühlenwirt erinnerte, beruhigten sich auch bald die Lämmerschwänzchen, die ihnen in der Brust klopften, so dass sie dann doch noch ihr Gedicht hersagen, ihr Liedchen singen und Knicks und Diener machen konnten, ohne vor Angst umzufallen, wie sie es prophezeit hatten.

Mit Bedauern oder auch Erleichterung rannten sie am Ende hinter ihm her bis zum Dorfausgang, winkten ihm nach und riefen: „Bis zum nächsten Jahr, lieber Weihnachtsmann!"

Und der rief zurück: „Bis zum nächsten Jahr, so Gott will!"

In diesem Jahr aber hatte er wohl nicht gewollt, doch das ist eine Geschichte für sich, die ich erzählen muss, weil sie zum einen schrecklich war, zum andern aber doch noch ganz glimpflich ausging ...

Also: Der Mühlenwirt-Weihnachtsmann hatte, wie in jedem Jahr, am Nachmittag seinen großen braunen Sack mit Äpfeln, Nüssen und Zimtsternen voll gepackt und den großen roten Kapuzenmantel angezogen. Doch als er gerade seine Füße unter Ächzen und Stöhnen in die großen Stiefel gezwängt hatte und sich den weißen Wattebart hinter den Ohren festbinden wollte, da sah er vorm Fenster das dicke Schneegestöber.

„Nun", sagte er zu seiner Frau Katrin, „da werde ich lieber noch ein wenig warten. Es wird wohl nicht allzu lange dauern. Mach mir

inzwischen mal einen süßen, heißen Holunderpunsch."

Doch als es auch nach dem dritten Glas mit
dem dampfenden Holunderpunsch noch nicht
aufgehört hatte zu schneien, stapfte er dann
doch los, wohlgewärmt und voller Vorfreude.

„Ich werde durch die Wiesen gehen", nahm er
sich vor, „da hole ich die versäumte Zeit wieder ein und habe außerdem noch den Wind im
Rücken."

Doch woran er dabei nicht gedacht hatte, das
war der Kullerbach, und erst, als er vor ihm
stand, merkte er, auf was er sich da eingelassen
hatte.

Wütend stampfte er am Ufer auf und ab und
schimpfte mit sich selbst und mit dem Kullerbach so fürchterlich, dass sein Atem ihm in
kleinen Dampfwölkchen aus Mund und Nase
fuhren.

Der Kullerbach aber gluckste stillvergnügt und
murmelte vor sich hin: „Up di hew ik al lang
töwt, mien Fründ . . ."

Nun war unser Mühlenwirt zwar nicht gerade
der Mutigste, aber eine solche Herausforde-
rung konnte er dann doch nicht auf sich sitzen
lassen. Darum überlegte er auch nicht lange,
ging ein paar Schritte rückwärts, setzte sich
zum Anlauf in Trab und . . . – aber ach, der
Sack mit den Äpfeln, Nüssen und Zimtsternchen schepperte ihm bei jedem Schritt ins
Kreuz.

„So geht das natürlich nicht!", knurrte er, riss sich den Sack vom Puckel, holte kräftig aus und schmiss ihn mit gewaltigem Schwung vorweg über den Kullerbach.

Nun mag es vielleicht am Holunderpunsch gelegen haben, dass er nicht mehr das richtige Augenmaß hatte, jedenfalls klatschte der Sack kurz vorm anderen Ufer ins Wasser und platzte auf, wobei ein Teil der Äpfel, Nüsse und Zimtsternchen herauskullerten und fröhlich den Bach hinabtanzten.

„He, dat is ja mal ganz wat Nieget!", gluckste der Kullerbach. „Den Sack hew ik al, aver nu, nu kümmst du doch woll, mien Fründ!"

Unser Mühlenwirt-Weihnachtsmann guckte ganz schön verdattert seinen davonschwimmenden Gaben nach.

„Den Sack muss ich unbedingt wiederhaben", dachte er, „denn ohne den kann ich unmöglich zu den Kindern kommen!"

Diesmal nahm er noch ein paar Schritte weiter Anlauf und rannte dann schnaufend auf den Kullerbach zu.

Aber ach, nun rutschte ihm beim Laufen die große Kapuze über die Augen und der große rote Mantel verhedderte sich um seine Beine.

„So geht das nicht!", knurrte er grimmig vor sich hin, zog den Mantel aus und warf ihn im hohen Bogen über den Kullerbach. Doch der lange Kapuzenmantel verfing sich im Wind, segelte ängstlich durch die Luft, flatterte noch etwas und ging lautlos zu Bach, wo er im Geäst eines Weidenbusches auf der anderen Seite hängen blieb.

„Dat is ja mal ganz wat Nieget!", kicherte der Kullerbach. „Nu hew ik ok noch dienen Mantel. Ha! Aver nu kümmst du doch woll, mien Fründ!"

Unser Weihnachtsmann konnte vor Staunen und Ärger nur noch die Backen aufplustern.

„Den Mantel muss ich wiederhaben", stammelte er vor sich hin, „sonst kann ich mich bei den Kindern nicht mehr sehen lassen!"

Diesmal nahm er einen Anlauf fast bis zum Waldrand. Nun kann man aber mit schweren Weihnachtsmannstiefeln schlecht laufen im tiefen Schnee. Und da er jetzt langsam in Zorn geraten war, wobei bekanntlich der Verstand aussetzt, riss er sich wutschnaubend die Stiefel von den Füßen und schmiss sie klitsch … klatsch mitten in den Kullerbach!

„Ha!", amüsierte der sich. „Dat is ja mal ganz wat Nieget! Nu hew ik ok noch diene Stebeln! Aver nu, nu kümmst du doch woll, mien Fründ!"

Doch als unser Weihnachtsmann seine schönen Stiefel davonschwimmen sah und er obendrein auch noch kalte Füße bekam, da setzte sein Verstand augenblicklich wieder ein.

Bar seiner guten Stiefel, des langen roten Mantels und seines prall gefüllten Gabensackes stand er da, rollte gefährlich mit den Augen und schrie höchst unweihnachtsmännisch dem Kullerbach mitten ins Gesicht: „Ich werd dir wat schieten, hörst du! Ich schiet dir was!"

Nun, das ging zu weit.

Solch ungehobeltes Benehmen konnte unser Kullerbach unmöglich dulden.

Und so geschah es, dass der zornige Weihnachtsmann just in dem Moment, als er abermals diese grausliche Drohung ausstoßen wollte und dabei heftig mit den Armen fuchtelte, auf einem harmlos aussehenden Eisklüten ausglitschte, ein kurzes, erstauntes „He!" ausstieß und im nächsten Augenblick fassungslos und bis zum Bauch im Kullerbach saß.

So kam es denn, dass die Kinder im Dorf an diesem Weihnachtsabend vergeblich mit klopfenden Lämmerschwanzherzen auf ihren guten alten Freund warteten.

„Es wird wohl an euerm Betragen gelegen haben", meinten die Erwachsenen und wiegten dabei nachdenklich die Köpfe.

Aber das wiesen die Kinder weit von sich oder schoben es sich gegenseitig in die Schuhe. Jedenfalls waren sie untröstlich.

Doch noch untröstlicher waren sie am nächsten Morgen, als sie den roten Mantel, die großen Stiefel und den aufgeplatzten Gabensack im Kullerbach fanden.

„Der Weihnachtsmann ist ertrunken!", jammerten sie, und standen völlig verscheucht auf dem Kirchplatz rum.

Doch da kannten sie ihren Mühlenwirt-Weihnachtsmann schlecht, denn der saß wohlbehalten in seiner Wirtsstube, hatte mit unzähligen Gläsern Holunderpunsch seine Niederlage und seinen Schnupfen bekämpft und war schon wieder recht guter Dinge.

„Frau", sagte er, „bring mir mal das Tintenfass, den Federhalter und einen großen Bogen rotes Papier. Ich muss den Kindern im Dorf eine Mitteilung zukommen lassen, sonst wissen sie nicht, was sie davon zu halten haben."

Und so kam es denn, dass die Kinder ihren Trost erfuhren, kurz bevor ihr Glaube an den Weihnachtsmann und seine Unsterblichkeit ins Wanken kam.

Gerade, als sie kleinlaut und mit nagenden Zweifeln im Herzen nach Hause gehen wollten, sahen sie den alten Briefträger Petersen armschwenkend dahergerast kommen.

„Halt! Wartet!", rief er schon von weitem. „Ich hab was für euch! Hier, ein Brief vom Weihnachtsmann. Er hat euch einen großen, roten Brief geschrieben!"

Die Kinder rannten wie eine wildgewordene Hammelherde auf ihn los und hätten ihn beinahe umgestoßen vor Freude.

„Vom Weihnachtsmann ..., er hat einen Brief vom Weihnachtsmann!", schrien sie immer wieder und boxten sich gegenseitig in die Rippen.

„Lies vor! Nun lies doch schon!"

„Ruuhee!", brüllte der Briefträger. „Ruhe! Und Platz für meine Füße, sonst kann ich nicht stehen. Und wenn ich nicht stehen kann, dann kann ich auch nicht vorlesen!"

„Ruuhee!", riefen die Kinder. „Ruhe und Platz für den Briefträger! Trampelt ihm nicht auf den Füßen rum, sonst liest er nicht vor!"

Als dann endlich Ruhe eingekehrt war und die Kinder sich einigermaßen zurechtgeschubst hatten, entfaltete der alte Petersen umständlich den großen roten Briefbogen, holte tief Luft und musste erstmal sein Taschentuch zücken, um sich die Nase zu schnäuzen. In Wirklichkeit aber wollte er sein Lachen unterdrücken, denn das sollten die Kinder nicht merken.

Also holte er nochmal tief Luft und bemühte sich um geziemend feierlichen Ernst: „Also, hört gut zu! Der Weihnachtsmann hat euch ein Gedicht geschrieben!"

„Ein Gedicht! Er hat uns ein Gedicht geschrieben!", jubelten die Kinder. „Los! Nun fang doch endlich an!"

„Ja doch, ja! Seid endlich still und hört gut zu. Also er schreibt:

IHR LIEBEN KINDER GROSS UND KLEIN.
ES SOLLTE DIESMAL WOHL NICHT SEIN,
FIEL ICH DOCH MIT ACH UND KRACH
MITTEN IN DEN KULLERBACH.

ZWEI DICKE ENGLEIN HALFEN MIR
HINAUF BIS VOR DIE HIMMELSTÜR.

SIE BRACHTEN MIR AUF EIGNEN WUNSCH
EIN GROSSES GLAS HOLUNDERPUNSCH.

NUN SITZ ICH HIER UND HÖR EUCH ZU.
FÜR DIESMAL HABT IHR VOR MIR RUH.
DOCH NÄCHSTES JAHR, DAMIT IHR'S WISST,
MACH ICH NICHT NOCH MAL SOLCHEN MIST.

SEID LIEB UND BRAV, IHR KLEINEN LEUTE
UND MACHT DEN ELTERN NUR NOCH FREUDE !
DASS MIR DAROB JETZT KEINER LACH,
SONST FALL ER IN DEN KULLERBACH !

ES GRÜSST EUCH
AUCH IN ENGLEINS NAMEN
DER   PATSCHNASSE   WEIHNACHTSMANN,
AMEN.“

„Amen !“, riefen die Kinder erleichtert, stießen
sich grinsend in die Rippen und winkten gen
Himmel, wo ihnen ein Sternchen ganz freundlich zuzwinkerte.

JÜRGEN SCHWALM
Winterblüten

Im Alter kam Kurt Leonhard nach Lübeck.
Weit hatten ihn seine Wege geführt, nun hielt
er das Buch seines Lebens für geschrieben. Die
materielle Sicherung – er bezog eine Pension
für seine Tätigkeit als juristischer Berater eines
Großunternehmens – bedeutete ihm nicht
allzu viel.

Er mietete das Souterrain einer betagten Villa
vorm Mühlentor und nannte seine Bleibe selbst
den „Bunkerbau". Dort igelte er sich ein. Er
wollte kein Telefon, er war dadurch umso
schlechter erreichbar. Sein kleines Wohnzimmer war mit Büchern tapeziert. Sie wiesen
erhebliche Gebrauchsspuren auf, denn uner-
müdlich erkundete Leonhards Rotstift noch
immer die Wege durch die Labyrinthe der Paragrafen. Juristische Korrespondenz verfasste
Leonhard an seinem Arbeitstisch jedoch nicht
mehr, er stellte sich alle Rechtsfragen selbst,
um in der Übung zu bleiben, durch seine Akti-
vitäten hatte also niemand jetzt noch Vorteile
zu erwarten oder Schwierigkeiten zu befürch-
ten.

Er erhielt auch kaum Briefe, und erst recht
keine privaten. Er lebte allein und versorgte
sich selbst. Es waren zu viele Bindungen für
ihn gescheitert: nun wollte er neuen keinen
Platz mehr einräumen. Zwar nahm er an allem,

was um ihn geschah, Anteil, aber dieser musste unverbindlich bleiben. Trat ein Eindruck zu nahe, schob er sogleich Wälle vor sein Herz. Er hatte einen geregelten Tagesplan, und schließlich teilten sich seine Stunden von selbst ein.

Darum wunderte er sich, dass er eines Tages den Entschluss fassen konnte, für einige Wochen seinen Bunkerbau zu verlassen.

Als der Abreisetermin da war, wollte er am liebsten in Lübeck bleiben. Aber dann reiste er doch.

Er war früher einmal im Schwarzwald gewesen, und dort war nun Sommer. Die Vermittlung in Freiburg hatte ihm einen Bauernhof in Dreifaltshütten empfohlen, abseits vom Verkehr, also vor allem: einsam. Denn ein Kontrastprogramm wollte er auch auf seiner Reise nur mit Einschränkungen zulassen.

Ruhig war es wirklich dort. Das Haus duckte sich breit in die Matten, trug ein tief herabgezogenes Schindeldach, und an seinen Wänden stapelten sich die Holzscheite für den Winter. Die geweißte Mauer über der Eingangstür schmückte eine Lüftelmalerei mit dem an Profanbauten seltenen biblischen Motiv der „Jakobsleiter". Leonhard betrachtete sie lange und studierte zudem den Vers, der das fromme Geschehen erläuterte, wenn er auch später in Lübeck die gereimten Zeilen wieder vergaß. Das Geländer der überdachten Galerie, wo die Wäsche getrocknet wurde, trug Blumenkästen mit Geranien, ihr Ziegelrot hing über das wettergebeizte Holz. Das Alter hatte das Haus gebeugt, aber nicht zerstört. Jahrhunderte hatte es mit Beständigkeit überdauert, Freude hatte es gesehen und Leid. Und auch Leonhard musste eingestehen: Wenn irgendwo überhaupt, hier war die Einkehr.

Es war viel einfacher, als Leonhard glaubte, am Abend mit den Leuten vom Hof um den Tisch zu sitzen und schlichte Worte zu reden, er hatte gemeint, er hätte es verlernt.

Er beobachtete gerne, wie Vera, die Bäuerin, den Haushalt besorgte. Trotz der schweren Arbeit bewegte sie sich rasch und nicht ohne Anmut.

Sie war freundlich, aber auch wieder nicht allzu sehr, und gerade dies sagte Leonhard zu. Manchmal blickte sie auf, wenn sie fühlte, wie er sie betrachtete, aber sie wurde nie verlegen, sondern sah ihn dann ihrerseits aufmerksam an.

Es war Trotz und Abwehr, dass Leonhard sich nicht mehr rasierte und sein Gesicht hinter einem kräftigen, weißen Bart verbergen wollte. Aber in seiner Blässe und den Falten um seine Augen bemerkte sie eine Schwäche, die sie rührte.

Eben dies konnte Leonhard nicht zulassen, es erzwang die Abreise. Als das Auto, das ihn zur entfernten Bahnstation bringen sollte, vorgefahren war, wäre er am liebsten geblieben.

Vera begleitete ihn vors Haus. „Gute Fahrt", sagte sie und verbarg ihre Hände unter der Schürze. „Und bleiben Sie gesund", fügte sie noch hinzu.

So einfach sind die Worte des Abschieds. Aber was geschah denn da? Als er schon einsteigen wollte, rief sie plötzlich rau und heftig: „Komm bald wieder!"

Ihre Erregung überraschte ihn und schlug ihm eine Wunde.

„Ich bin ja alt", sagte er sich, „aber vor uns selbst sind wir immer am wenigsten sicher."

Und der Riss, der in ihm aufgeklafft war, wollte sich lange nicht schließen lassen.

Natürlich kam er nicht wieder. In den folgenden Jahren unterzog er sich, wie bisher, willig dem Zwang seiner selbstgestellten Regeln. Es überwintert sich leichter mit Paragrafen als mit Gefühlen.

Im Frühling nahm Leonhard seine einstündigen Mittagsspaziergänge durch den Mühlentorpark erneut ins Programm auf. Noch war die Wärme substanzlos, eng gebunden ans Licht.

Auf einer Bank saß eine junge Frau mit ihrer kleinen Tochter. Da alle anderen Plätze bei dem hellen Wetter besetzt waren, steuerte Leonhard auf diese Bank zu und setzte sich dort nieder.

„Schau die Amsel!", rief das Kind seiner Mutter zu. „Wenn ich ein paar Mal tief Luft hole, kann ich vielleicht auch ein bisschen fliegen!"

„Ich würde das lieber unterlassen", meinte die Mutter, „sonst riskierst du eine Bauchlandung."

„Quax, der Bruchpilot", sagte Leonhard.

Die Mutter lachte mit. Sie kannte den Film.

Parkgespräche kommen so leicht zu Stande, weil sie meist ohne Konsequenz und Verpflichtung im Blattgrün versinken. Aber es schien doch so, dass nicht alle Spuren, die der Aufenthalt in Dreifaltshütten gezogen hatte, in Leonhard verschüttet lagen.

Als Leonhard später wieder seinem Bunkerbau zustrebte, prüfte er sich und fand, dass das Gespräch, das er mit der jungen Frau und ihrer kleinen Tochter auf der Parkbank geführt hatte, ihn beunruhigte. Für ihn hatte sich etwas zwischen den Worten ereignet.

Die junge Frau hatte bedauert, dass zu ihrer Wohnung in der Hohelandstraße kein Garten gehörte: da blieb nichts anderes, als an guten Tagen mit Nanna, der Fünfjährigen, in den Park zu laufen.

Leonhard traf beide in den folgenden Wochen dort häufig an. Dabei recherchierte er als Jurist schnell, ohne die eigenen Karten allzu sehr aufzudecken, die Wälle vor seinem Herzen sollten in jedem Falle uneinnehmbar bleiben.

Die junge Frau hieß Henrike Berkner, ihr Mann Jörg war Organist an einer der Hauptkirchen Lübecks. Jörg Berkner hatte mit der Kirchenbehörde einen Disput auszufechten, und da er keinen Juristen näher kannte, schaltete Henrike Leonhard ein. Leonhard schrieb für Jörg einige Briefe, die nun wirklich nach langer Zeit wieder einmal seinen Schreibtisch verließen und durch die das Problem gelöst wurde. So festigte sich die Bekanntschaft, es folgten Einladungen und Gegenbesuche. Leonhard hatte dies nicht mehr für möglich gehalten. Aber so treibt es das Leben mit uns: es beschämt uns durch die schönsten Geschenke, wenn wir aufgehört haben, sie zu fordern.

Für Nanna nahm Onkel Leonhard die Stelle des verstorbenen Großvaters ein. Sie besuchte ihn gerne.

„Onkel Leonhard wohnt in der Erde", plapperte sie, „das ist praktisch, man braucht keine Klingel und keine Haustür. Ich klopfe nur gegen das Fenster, Onkel Leonhard öffnet es, und ich kann ohne Umwege gleich in seine gute Stube steigen."

Als Henrike und Jörg an einem Spätsommersonntag bei Leonhard den Nachmittagstee tranken, den Leonhard umständlich und sorgfältig zubereitet hatte, musterte Nanna aufmerksam die kleine Wohnung. Schräge Lichtbündel ließen Sonnenstäubchen tanzen. Leonhard rauchte eine Zigarre, ihr Duft mischte sich mit dem des Kölnischwassers, das er auf seine Taschentücher zu träufeln pflegte.

Nanna besah seinen weißen Bart, schnupperte die angenehme Mixtur der beiden Gerüche ein und rief: „Onkel Leonhard, du riechst wie der liebe Gott!"

Leonhard lachte am lautesten darüber.

„Auf diesen schönen Ausspruch hin sollten wir Brüderschaft trinken, wenn unser Quax damit einverstanden ist", sagte er.

Nanna hatte natürlich keine Einwände.

Aber war es nicht doch auch die Freundschaft, die dazu führte, dass Leonhard der Herbst in diesem Jahr so lang wurde? Der Bunkerbau wurde ihm jetzt oft zu eng. Wenn er allein war, gähnte die Kälte aus den Zimmerecken.

Sein Rotstift verirrte sich in den Paragrafen.

„Sie sind alle so jung", dachte er. „Vor allem Henrike sollte mich nicht mehr besuchen."

Aber er freute sich, wenn sie dann kam.

In der Adventszeit fühlte er sich geschwächt. Henrike erledigte jetzt häufiger die Einkäufe für ihn.

Zwei Tage vor Weihnachten war sie zuletzt bei ihm. Sie hatte auch einige Geschenke gebracht.

„Das solltest du nicht tun", tadelte Leonhard, um nicht zu zeigen, wie gern er sie annahm.

Und er gab Henrike seine Überraschung für das Kind mit, ein Stofftier, einen Pinguin.

„Der ist für Quax, für unseren Bruchpiloten", sagte er. „Dieser Vogel hier kann auch nicht fliegen."

Henrike nahm ihren Einkaufskorb und schwenkte ihn zum Abschied.

„Machs gut, du", sagte sie. „Weihnachten gibt es für alle Organisten ja immer viel zu tun, und auch Jörg wird auf der Orgelbank wieder seine Hosen durchwetzen. An solchen Tagen zieht er alle Register. Ich muss ihm dabei assistieren, und hinterher schimpft er, wenn ich nicht rasch genug war. Aber das macht mir nichts aus. Ich denke nur: das war das Lampenfieber, auch wenn er gar nicht an der Rampe steht. – Und ich will es bei aller Haushaltsarbeit, die ja außerdem an mir kleben bleibt, doch möglich machen, dass ich an den Feiertagen auf einen Sprung bei dir reinschauen kann."

„Übereil nichts", erwiderte Leonhard, „komm nur vorbei, wenn du es wirklich schaffst."

Er sah ihr lange nach. – „Wohin sie auch geht", dachte er, „am Schluss kommt sie immer nach Haus. Aber ich hab vergessen, wo ich daheim bin."

Am Morgen des Vierundzwanzigsten war er zeitig auf und zog einen guten Anzug an. Ein kleines Tannenbäumchen hatte er schon am Vorabend mit roten Kerzen besteckt. Es gab eben Riten, die auch ihm nicht verloren gingen.

Nachdem er das Zimmer aufgeräumt hatte, rauchte er eine Zigarre. Im Raum verbreitete sich das Duftgemisch des lieben Gottes. Dann begann er zu warten. Weihnachten hatte er immer gewartet, er konnte es nicht aufgeben, und es war doch stets vergeblich gewesen. Seine

Hoffnung, dass sich etwas ereignete, war längst abhanden gekommen, woher nahm er also auch in diesem Jahr wieder den Mut, eine Erklärung finden zu können?

Der Briefkasten klapperte. Post stand nicht aus, weder angenehme noch überraschende. Dennoch schaute Leonhard nach, aber es war keine Neugier dabei. Eine Karte fiel ihm entgegen. Ins Zimmer zurückgekehrt, studierte er sie durch seine Brille.

Die Botschaft kam von Henrike. Sie schrieb: „Lieber Kurt, es ist aber doch zu schlecht, dass du keine Telefonverbindung hast. Dann hätte ich dir alles mündlich sagen können. Sei nun nicht bös, aber ich kann an den Weihnachtstagen doch nicht mehr vorbeikommen. Jetzt hat sich kurzfristig auch noch die Schwiegermutter bei mir angemeldet, die zwar patent ist, aber Logierbesuch macht immer zusätzlich zu schaffen. – Ich soll dir mit besten Grüßen von Jörg bestellen, dass er am ersten Feiertag auch seine neue Komposition, das Weihnachts-Triptychon, spielt: Im dritten Satz erklingen die Glöckchen eines Pferdeschlittens, das erinnert an Schnee und Winterurlaub. Nanna hat ein Bild für dich gemalt, ich darf aber nicht verraten, was darauf zu sehen ist. Ich komme mit ihr gleich nach den Festtagen. Geht es dir denn besser? Sei herzlich gegrüßt von deiner nur zurzeit ganz ungetreuen Freundin Henrike."

„Sie hat ja Recht", sagte sich Leonhard. „Außerdem ist es vernünftig, sie muss sich in erster Linie um ihre eigene Familie kümmern."

Aber es gab ihm doch noch einmal einen Riss: da war wieder das Gefühl, von dem er dachte, es gehörte längst nicht mehr zu seinem Repertoire. War es denn diese Nachricht, auf die er gewartet hatte? Der Tag wurde nicht mehr hell. Lübeck kennt kaum weiße Weihnachten, es war schon recht, dass es wieder einmal regnete.

Am Abend zündete er die Kerzen an. Leonhard dachte, sie würden ihm Wärme spenden, aber ihr Glanz war nur Schmerz.

Was hinderte ihn, noch einmal nach Dreifaltshütten zu reisen?

„Komm wieder!", hatte Vera gerufen.

Auch in der Bahnhofshalle brannte ein Weihnachtsbaum für die Einsamen.

Er brauchte kein Gepäck mehr. Er nahm den Nachtzug.

„Ich darf nicht mit", klagte Nanna, „ich habe meine Flügel verloren. Der Winter ist gekommen, da ist die Amsel gestorben."

„Armer Quax", tröstete Leonhard. „Aber du musst nicht mehr darüber weinen, sieh nur, wie schnell ich fahre, alle Signale stehen auf Grün."

Der Zug eilte durch die Nacht. War sie denn noch heilig? Leonhards Abteil war leer, in einer solchen Nacht verreist man nicht.

„Du wirst nicht mehr zurückkommen", sagte Nanna. „Du wirst mich nie mehr im Park treffen, um mit mir zu spielen. Ene mene muh, der Quax bist jetzt du."

„Ich bin schon immer falsch gelandet", dachte Leonhard, „ich war ein Bruchpilot mein Leben lang."

Anfangs schlug der Fahrtwind den Regen gegen die Scheiben, aber später gerannen die Tränen des Himmels zu Eis.

Hatte er denn eigentlich in seinem Bunkerbau die Kerzen gelöscht? Einerlei, mochte ein Kellerbrand entstehen, dort war er nicht mehr daheim.

„Ich kann nicht mehr durch dein Fenster klettern", sagte Nanna. „Dein Zug fährt viel zu schnell!"

„Ich werde dich an den Feiertagen nicht besuchen können", erklärte Henrike. „Ich kann nicht überall die Register ziehen."

Endlich tilgte der Morgen die Schrecken der Dunkelheit. Die Berge hielten die Kronen der Wälder dem Licht entgegen. Kirchenglocken begrüßten den Feiertag.

„Ich spiel dir das Weihnachts-Triptychon", rief Jörg ihm vom Pferdeschlitten zu. „Hörst du das Geläute? Du musst dich beeilen auf deiner Reise, der dritte Satz ist gleich vorbei."

Kalt und rein war die Luft um Dreifaltshütten, sie trieb ihn voran, ihre Berührung war streng und keusch: sie ließ noch alle Möglichkeiten zu.

„Komm wieder", bat Vera noch einmal ganz nah.

Schneelicht umblaute die Ferne.

„Auch fern kann ich dir nah sein", sagte Henrike.

Mit Silberstift gezeichnet lag der Ort.

„Ich durfte doch noch ein wenig fliegen, weil Weihnachten ist", rief Nanna. „Ich habe dir ein Bild gemalt. Sieh her, da liegt Dreifaltshütten."

Das Haus war bereit.

Es hatte sein Schindeldach tief herabgezogen. Die Holzscheite stapelten sich an den Mauern. Alt war das Haus, aber nicht müde. Wärmende Zuflucht gab es durch scinc Beständigkeit.

„Das Haus hat recht getan", sagte Leonhard, „es blieb und behauptete seinen Platz. Aber ich war immer ungeduldig mit den Menschen, ich verirrte mich in meinen Paragrafen."

Noch ehe er näher kam, fiel ihm auf einmal die Inschrift auf dem Bild der Jakobsleiter wieder ein. Wie kam es, dass er sie so lange vergessen hatte?

„Drum, lieben Christen, Obacht habt,
wenn Gottes Segensspruch Euch labt,
lasst frommen Träumen, die zur Lehre Euch
                              beraten,
in Lieb und Treue folgen auch die Taten."

„Ich lebte ein bisschen", sagte Leonhard, „aber Taten vollbrachte ich keine. Und immer schob ich zu viele Wälle vor mein Herz. Jetzt ist es wohl zu spät. Was sind das für Träume, die mich nun beraten?"

In der Schneeblendung war nicht auszumachen: kam da Henrike mit Nanna, winkte da Vera? Wer dort auch immer war: empfangsbereit stand das verspätete Glück.

Und plötzlich sah er, wie auf der hölzernen Galerie des Hauses mitten im Winter die Geranien erblühten, die Kälte konnte ihr kräftiges Rot nicht töten, Blutflora entfaltete sich und lebte trotz Eis und Frost.

Wozu noch Zweifel? Alle, die er liebte, waren doch da.

Leonhard wollte sie nach den Winterblüten fragen, aber am Ende überdauerte das grenzenlose Staunen.

INGE TITZCK
Anna und das Christkind

Die kleine Anna lebte mit ihren Eltern im Schulhaus in Sellin, einem kleinen Bauerndorf nicht weit entfernt vom Selenter See.

Im Sommer fuhren sie mit dem Fahrrad zum Baden dorthin. Es war ein wunderbares Gefühl, wenn der See endlich durch die Bäume schimmerte!

Aber nun war es Winter. Das Reetdach des lang gestreckten Hauses war mit Schnee bedeckt, die Hühner und Puten blieben im Stall, und der kleine Abhang vor dem Haus – für die kleine Anna ein herrlicher Berg – war eine feine Rodelbahn. Und nicht einmal aufpassen musste Anna, wenn sie unten ankam: denn die kleine Aue war zugefroren, und sie konnte sich keine nassen Füße holen.

Das Beste an diesem Winterspaß war aber, dass Anna das lange Warten auf Weihnachten ein wenig vergessen konnte.

Es war ja alles gut und schön mit dem Nikolaustag und dem Adventskranz und dem Weihnachtsmärchen „Schneeweißchen und Rosenrot" im feinen Rendsburger Theater. Auch das Singen machte Spaß und das Kuchenbacken, bei dem Anna helfen durfte.

Aber: Es dauerte doch gar zu lange, bis es Heiligabend wurde!

„Übermorgen", sagte Mama.

„Morgen", sagte Mama.

„Heute Abend", sagte Mama.

Aber das Heute vor dem Abend war ganz schrecklich: Niemand hatte Zeit für Anna. Alle rannten durcheinander. Und immer war Anna im Wege.

„Sei brav!"

„Spiel schön in deinem Zimmer!", hieß es nur.

Und das Wohnzimmer war sogar abgeschlossen.

Anna wusste gar nicht, was sie anfangen sollte. Darum bohrte sie ganz doll in der Nase. War sie vielleicht gar nicht brav genug gewesen, dass es Heiligabend werden konnte? Und das Christkind kam vielleicht gar nicht?

Zum Mittagessen gab es nur dicken Reis. Den konnte Anna gar nicht leiden, und dann sollte sie auch noch schlafen! Wie sollte sie denn schlafen können, wenn es heute Heiligabend werden sollte?

Aber weil es gar so lange dauerte, schlief Anna doch ein.

Und als sie aufwachte und vorsichtig aus ihrem Zimmer kam, da rannten Mama und Papa gar nicht mehr wild durcheinander. Sie nahmen Anna ganz fröhlich in die Arme und sagten:

„Jetzt ist Heiligabend!"

Und da – auf dem Fußboden in der Diele – da lag eine goldene Nuss!

„War das Christkind da?", fragte Anna atemlos und voller Hoffnung.

„Ja, Anna, es war da. Alles ist wunderschön",
sagte Mama und zog Anna das Kleid an, das
sie am liebsten anziehen mochte.

Papa verschwand geheimnisvoll im Weihnachtszimmer.

Oh, wie war es aufregend!

Und dann klingelte die Weihnachtsglocke!
Das war das Zeichen! Anna, Mama und Papa
fassten sich an den Händen und gingen ins
Weihnachtszimmer hinein.

Dabei sangen sie ganz laut: „Ihr Kinderlein
kommet . . ."

Sie kamen vor dem Tannenbaum an: Alle Lich-
ter waren angezündet. Oh, wie wunderschön
war das! Und unter dem Tannenbaum stand
die Krippe.

Anna konnte alles ganz genau erkennen, was
Großmutter ihr immer erzählt hatte: da lag das
kleine Christkind in der Krippe. Die Mutter
Maria kniete davor und sah es ganz liebevoll an.
Vater Joseph stand still daneben. Und da waren
die Hirten. Und der Esel und der Ochs waren
auch da. Und über dem Stall, da leuchtete ein
Stern! Ja, das war die Weihnachtsgeschichte.

Anna hatte das kleine Christkind ganz lieb. Es
hatte heute Geburtstag. Und weil es heute
Geburtstag hatte, war Heiligabend, und alle
Menschen auf der ganzen großen Welt konnten
sich freuen. Und darum gab es Geschenke.

Ja, da stand er ja, der Kaufmannsladen, den
Anna sich so sehr gewünscht hatte! Und da

saß die Biene Maja, die sie so gern leiden mochte mit den schwarzen und gelben Streifen und den Flügeln hinten dran! Und die roten Gummistiefel mit dem Gesicht auf der Sohle!

Vor lauter Freude wusste Anna gar nicht, was sie machen sollte.

Da lief sie zum Fenster und rief ganz laut in die verschneite Nacht hinein: „Danke, liebes Christkind!"

Waren den Abhang hinunter nicht die großen Fußspuren vom Nikolaus zu sehen? Und war nicht hinten an der Ecke der Straße noch ein heller Schein vom Christkind?

Aber das Allerbeste, das kommt erst noch!

Und niemand weiß: war es Traum oder Wirklichkeit?

Mitten in der Nacht wachte Anna auf. Sofort fiel es ihr wieder ein: Es war ja Heiligabend gewesen! Wie schön war Weihnachten! Ob wohl noch alles da war?

Bevor Anna richtig überlegen konnte, war sie schon aus ihrem Bettchen gestiegen. Leise, leise und ganz vorsichtig tappte sie durch den dunklen Flur und stieg die Treppe hinab. Bei der dritten Stufe, die immer so laut knarrte, machte sie einen ganz großen Schritt. Und dann stand sie im Weihnachtszimmer. Der große Mond schien durch das Fenster hinein und ließ das silberne Lametta hell aufleuchten. Geheimnisvoll duftete es nach Kerzen und Marzipan.

Alles, alles war noch da!

Annas Herz pochte ganz laut. Sie konnte es selber hören. Ach, der schöne Kaufmannsladen! Voller Freude zog sie eine der vielen Schubladen auf und steckte sich eine Rosine in den Mund.

„Anna ...!"

Was war das? Hier war doch niemand, der sie rufen konnte.

Aber da erklang es noch einmal: „Anna."

Anna hatte gar keine Angst. Sie fragte: „Wer ruft mich denn?"

„Ich rufe dich, das Christkind in der Krippe."

Schnell lief Anna zum Tannenbaum und schaute in die Krippe hinab. Das Christkind lächelte.

Anna fragte: „Ist dir nicht kalt, bloß so, mit der Windel?"

„Nein", antwortete es, „das Stroh ist gut, und Ochs und Esel machen es behaglich. Aber richtig warm ist mir vor Freude, weil so viele Menschen mich lieb haben, ganz besonders am Heiligen Abend."

Anna schaute nur.

Da fragte das Christkind: „Hast du mich auch lieb, Anna?"

„Sehr!", antwortete Anna voller Überzeugung. „Ich weiß auch alles von dir. Großmutter hat mir alles erzählt."

Nach einer kleinen Weile sagte das Christkind: „Ich bin jetzt ganz müde vom langen Heiligen

Abend. Und auch du musst wieder schlafen gehen, Anna. Gute Nacht."

„Gute Nacht, kleines Christkind", sagte Anna, die nun auch plötzlich wieder ganz müde war.

Folgsam tappte sie leise die Treppe wieder hinauf, legte sich in ihr Bett und kuschelte sich mit ihrer neuen Biene Maja fein zurecht.

Sie schlief sofort ein.

Und auch das kleine Dorf lag in tiefem Schlummer.

ANKE WOLFF
Und nun laufen wir wieder

Da stehe ich mit meinem Teeny im größten Hamburger Kaufhaus und rolle die Treppen hinauf und hinunter. Wir haben längst die Orientierung verloren für das, wonach wir eigentlich auf der Suche sind. Die Fülle der Eindrücke aus den weihnachtlichen Dekorationskulissen überfordert das Wahrnehmungsvermögen. Bunt und schrill, es sprüht von Farben, Glanz und Lichtern. Es zittert in den Ohren von jubilierenden Weihnachtschören, die im Kaufhaushimmel singen.

Selbst mein Teeny stöhnt: „Komm, lass uns gehen, all das erschlägt mich."

Für mich als Oldie, der sich nach stundenlangem Fußmarsch über das Großstadtpflaster verstohlen nach einer Ruhebank umsieht, auf der man restliche Energien mobilisieren könnte, ein Trost, dass auch die Jugend Fußweh kennt.

Auf alle Fälle müssen wir aber noch diesen wichtigen Punkt auf unserer Einkaufsliste abhaken: den Bademantel Größe einhundertsechsundsiebzig für unseren Jüngstverwandten. Wir rollen in die nächste Etage, wo uns Weihnachten genauso entgegenschreit wie überall im Haus, und fragen nach dem Geschenkartikel für unseren Knaben.

Es ist das vierte Geschäft, in dem wir nach dem passenden Stück auf der Suche sind. Es scheint in Hamburg, jedenfalls dort, wo wir einkehren, keine Bademäntel für Jüngstverwandte mit normalem Geschmack zu geben. Auch hier nicht. Also passen wir und sind insgeheim dankbar, weil wir schon schwer an anderem Gepäck zu tragen haben, darunter zwei hölzerne Weihnachtsmänner, fast lebensgroß, die zu kaufen uns der Teufel ins Ohr befohlen hat, denn sie treiben uns schon seit zwei Stunden Schweißperlen auf die Stirn.

Im Restaurant, wo wir neue Kräfte sammeln, bemüht sich eine blonde Polin, immer noch freundlich Bestellungen entgegenzunehmen, obgleich sie en bloc zwölf Japaner am Nachbartisch, zwei Russen auf der anderen Seite und uns zufrieden stellen soll. Wir nicken ihr mit einem aufmunternden Lächeln zu und streifen unter dem Tisch verstohlen die Stiefel von den dampfenden Füßen.

Nach der Erfrischungspause nun aufgepasst, dass wir die gesamte Kriegsbeute auch aufmerksam zusammenraffen. Hier eine Tüte, dort ein Paket, am besten stopfen wir die drei kleinen Beutel mit in die große Hülle.

Tief durchgeatmet dann und über den Neuen Wall, Jungfernstieg und Ballindamm der großen Verheißung entgegengekeucht, dass wir irgendwo noch die umwerfende Überraschung für den Gatten und Papa aufstöbern, der sich alle Jahre wieder nichts wünscht und uns damit fast Unzumutbares zumutet.

Hurra, wir haben endlich eine Seidenkrawatte gefunden, genau wie letztes Jahr und die Jahre davor, zum stolzen Preis von zweihundertneunundzwanzig D-Mark diesmal. Möglich, dass ein ähnliches Muster bereits im Schrank hängt, weil unser Familienoberhaupt sich immer nur seine drei Standardschlipse umhängt und neue Seide der Familie irgendwann aus dem Blickfeld gerückt wird.

Gut, geben wir dem Verkäufer ein Zeichen, diese gefällt uns, die hätten wir dann gern. Unser einkaufsmüder Verstand stolpert nun aber doch über den ausgefallenen Preis. So viel haben wir noch nie für eine Krawatte bezahlt, fällt uns ein. Ein zweiter Verkäufer mit rosa Hemd und Tangoschritt klärt uns auf, dass dazu ein Einstecktuch gehöre. Seide plus Seide, man wisse ja: das Besondere halt.

Wir verraten der Gelfrisur, dass unser Familienoberhaupt keine bunten Seidentücher in der Brusttasche trage und sich das wegen seines reifen Alters wohl auch nicht mehr angewöhnen werde und bitten um Soloverkauf der Krawatte.

Da zürnt er und entrüstet sich, und wir wünschen trotzdem noch einen schönen Tag.

Die Jagd geht weiter. In einem Confiserie-Geschäft wollen wir noch kurz einkehren und an den Nikolaus denken, der ja auch bald kommt.

„Hier müsstest du mal auf den Putz hauen", flüstert mir der kleine Teufel zu, der mir vorhin

schon die hölzernen Weihnachtsmänner ange-
dreht hat, „du wolltest doch schon längst einmal deinem Unmut Luft machen über das
geschmackverfremdete Marzipan, das heut-
zutage allenthalben mit zu viel Bittermandel-
Aroma angereichert wird."

Ich lasse den Teufel tatsächlich triumphieren
und wende mich an die Verkäuferin. Mir ist
nach Mäkeln zu Mute, denn ich bin bis an den
Rand meiner Kräfte ausgelaugt durch diesen
kilometerlangen Großstadt-Trip über viele
Stunden, und genervte Menschen mosern ja
bekanntlich gern.

Die erste Dame des Pralinenparadieses lauscht
meiner Meckerei fast andächtig. „Wenn Sie
einen Augenblick Zeit hätten, würde ich sofort
unsere Zentrale anrufen und um Aufklärung
bitten", säuselt sie wie eine ferngesteuerte
Puppe und beschämt mich mit diesem Über-
maß an Kundenfreundlichkeit.

Also eins fix drei die Tüten wieder zusammen-
gerafft und mit der Ausrede zur Tür hinaus,
man werde seinen Zug verpassen.

Tochter Zion, freue dich!, jubelt ein Blas-
orchester in der Spitalerstraße, und klagend
singt gegenüber eine junge Russin zur Bala-
laika von der Einsamkeit der Taiga. Menschen
fluten die Straße hinauf und herunter, Vorsicht
vor Taschendieben, nicht anrempeln lassen.

Die hölzernen Weihnachtsmänner in den Tüten nehmen unsere leisen Flüche ergeben hin,

während der kleine Teufel es noch einmal versucht und uns zuzischelt, wir sollten doch dem vorweihnachtlichen Kommerz noch einen kräftigen Schub verleihen, indem wir uns doch noch für eine Bereicherung der heimischen Teddybärensammlung entschieden und die Replik der Knopf-im-Ohr-Träger aus den fünfziger Jahren, die uns schon heute Morgen, zu Beginn der Kaufrauschtour, so unwiderstehlich angeblinzelt hat, von der Glasvitrine erlösen.

Wir versetzen dem kleinen Teufel einen kräftigen Fußtritt, und er trollt sich, hin zu einem Imbiss-Stand mit Bratwurst und Glühwein, mitten im Bauch eines Riesenweihnachtsmannes in Hamburgs Hauptgeschäftsstraße, wo seine Artgenossen zu Tausenden Triumphe feiern unter dem kaufrauschbesessenen Menschenvolk.

Hamburg im abendlichen Lichtermeer, eine Stadt voll Kultur. Theater, Museen, Konzerte. Und wir tun das, was wir meinen, alle Jahre tun zu müssen: wir laufen und laufen durch die Straßen, auf der Suche nach dem wahren Weihnachtsglück, mit dem wir unsere Lieben zum Fest bescheren wollen.

Den Bademantel für unseren Jüngstverwandten haben wir dabei nicht erobern können.

Nun, er wird nicht leer ausgehen, der Knabe. Wir haben ein entzückendes Modell am nächsten Tag in einem Schaufenster unserer kleinen Stadt Burg auf Fehmarn entdeckt. Nach genau diesem Exemplar sind wir in der großen, weihnachtlich brodelnden Stadt auf der Suche gewesen.

Bitte schnell einpacken und eine Schleife umwickeln. Ein kurzes Stück nur nach Hause getragen.

Aber bis zum Fest wird uns doch noch einmal die Großstadt locken. Und dann werden wir laufen und laufen und laufen. Unseren traditionellen Vorweihnachtsmarathon.

KURZBIOGRAFIEN DER AUTOREN

Udo Bielenberg

1938 in Itzehoe, Kreis Steinburg, geboren und aufgewachsen in der Kremper Marsch, bin ich seit 1962 der Landschaft im Ostseeraum verbunden. Meine Wahlheimat ist heute Eckernförde. Als selbstständiger Ingenieur habe ich einen ausfüllenden, abwechslungsreichen Beruf. Sozusagen als Gegenpol dazu sind die vielen bisher veröffentlichten plattdeutschen Geschichten sowie meine hochdeutschen Veröffentlichungen entstanden. Das Schreiben ist für mich sowohl Ausdrucksform als auch Selbstfindung.

Lotte Brugmann-Eberhardt

Ich wurde 1921 in Dortmund geboren, besuchte das Oberlyzeum in Castrop-Rauxel und erlernte den Beruf einer Bilanzbuchhalterin. Seit 1938 (mit Ausnahme der Jahre 1971-1978, die ich mit meinem Mann, dem Kirchenmusiker Hans Brügmann, in Kellinghusen verbrachte) lebe ich in Kiel. Ich habe neun Bücher mit Kurzgeschichten in Hoch- und Plattdeutsch, einen Gedichtband und ein Kinderbuch herausgegeben. Ich versuche, in meinen Büchern über manche Fehlentwicklung in unserer Zeit, teils ernst, teils heiter, nachzudenken.

Irmgard Greiff

Am 29. Juli 1920 kam ich in Varel zur Welt, und in der schönen oldenburgischen, heute niedersächsischen Stadt wuchs ich auch auf. Zu Beginn des Krieges heiratete ich den Schriftsteller Gerd Lüpke, mit dem ich noch heute in Varel und dem niederländischen Harlingen lebe. Aus meiner schriftstellerischen Arbeit wurden bislang hoch- und niederdeutsche Geschichten und Gedichte sowie ein Roman gedruckt. Der Rundfunk sendete niederdeutsche Geschichten und Hörszenen. Meine große Leidenschaft sind Reisen – und zwar so weit wie nur irgend möglich.

Ingard Gruff

Gerd Lüpke

Jahrgang 1920. Kindheit in den vorpommerschen Städten Loitz und Grimmen, Jugend im mecklenburgischen Ribnitz, wo Vater den Bahnhof, ich selbst die Straßenszene beherrschte. Nach dem Krieg aus Mecklenburg verbannt, nach 1989 zu meiner innigen Freude wieder an das mecklenburgische Herz gedrückt. Schriftsteller und Rundfunkautor, der am liebsten Geschichten erzählt und Gedichte schreibt. Zuhause an der See, „von Pommern bät Nedderland", meist so as Fritz Reuter sien Eikboom. Wohnhaft in Varel (Oldenburg) und in Harlingen (Niederlande), zusammen mit meiner Frau, die der liebe Gott extra für mich hat wachsen lassen.

Christel Poepke

Ich bin Jahrgang 1929, in Königsberg/Pr. geboren und lebe und schreibe seit vielen Jahren in Lübeck.
Mein Lebensweg war kraus und bunt. Mit 14 Jahren Vollwaise, geriet ich bei Kriegsende in russische Gefangenschaft und habe auf verschiedenen Kolchosen und in einem russischen Waisenhaus gearbeitet. Später Krankenschwester in Stuttgart, London, Kiel und Bad Segeberg.
Mein literarisches Arbeitsgebiet: Lyrik, Kurzprosa, heitere Kinderbücher etc.

Christel Poepke

Dr. Jürgen Schwalm
Ich bin 1932 in Leipzig geboren und seit 1965 als Schriftsteller und Arzt in Lübeck tätig. Ich schrieb genealogische,
mineralogische, medizin- und kunsthistorische Artikel, bin
Herausgeber des „Almanachs deutschsprachiger Schrift-
steller-Ärzte" und veröffentlichte neun Bücher.

Inge Titzck
Ich lebe in Kiel und auf Amrum, bin verheiratet und habe
drei Kinder und drei Enkel. Lesen ist mir seit Kindheits-
tagen ein fast lebensnotwendiges Bedürfnis, das Schreiben
wurde es im Laufe der Zeit auch. So gibt es von mir drei
Gedichtbände und einen kleinen Band mit Reiseimpres-
sionen. Ich bin Mitglied im Schleswig-Holsteinischen Schriftstellerverband, bei Euterpe und der Gedok. Beiträge von
mir finden sich in Anthologien und Tageszeitungen, außerdem war ich wiederholt am Kieler Literatur-Telefon zu
hören.

Anke Wolff
Auf der schönen Insel Fehmarn lässt die Phantasie viel Spiel-
raum zum schöpferischen Arbeiten. Seit über 30 Jahren bin
ich hier hauptberuflich als Journalistin tätig („Fehmarnsches
Tageblatt"). 1976 habe ich meine schriftstellerische Lauf-
bahn gestartet. Bisher ca. 30 Buchveröffentlichungen in
namhaften Verlagen (Kinder-, Jugend- und Erwachsenen-
Literatur) mit Bestsellerquoten. Mitarbeiterin verschiede-
ner Zeitschriftenverlage, Mitglied im Schriftstellerverband
Schleswig-Holstein.

INHALT

Die schönsten Wintergeschichten
aus Norddeutschland

Herausgegeben von Andrea May und Michael Jung
88 Seiten, gebunden, ISBN 3-929596-61-X

Gerade die Winterzeit ist es, in der man sich gerne mit einem Buch voller guter Geschichten in eine Decke kuschelt und genießt.

Zum Selberlesen, Verschenken und Vorlesen in der gemütlichsten Zeit des Jahres sind die schönsten Wintergeschichten aus Norddeutschland von bekannten Autoren wie: **Udo Bielenberg, Lotte Brügmann-Eberhardt, Karl-Heinz Groth, Hansjörg Martin, Hinrich Matthiesen, Christel Poepke, Jasper Vogt und Anke Wolff.**

Verlag Michael Jung
Postfach 2604, 24025 Kiel

Adventsgeschichten
aus Norddeutschland

Aus der NDR 1 WELLE NORD-Serie
80 Seiten, broschiert, ISBN 3-929596-77-6

Advent und Weihnachten sind immer noch die besinnlichste Zeit des Jahres. Man sitzt nach der Hektik des Alltags bei Kerzenlicht gemütlich zusammen. Es ist endlich Zeit zum Lesen und Erzählen. Hörer der NDR 1 WELLE NORD haben ihre schönsten Erlebnisse und Erinnerungen rund um die Advents- und Weihnachtszeit aufgeschrieben. Mal heiter – nach nachdenklich. Wie das Leben eben so ist.

Verlag Michael Jung
Postfach 2604, 24025 Kiel